LES AUDACIEUX

VALÉRIE ALASLUQUETAS
ET RÉMY DESSARTS

LES AUDACIEUX

Chronique d'un territoire qui refuse le déclin

CALMANN LEVY

CALMANN LÉVY
ÉDITEUR DEPUIS 1836
www.calmann-levy.fr

COUVERTURE
Maquette : Coco bel œil

ISBN : 978-2-7021-6889-9

La plupart des scènes et des dialogues qui figurent
dans ce livre ont été reconstitués
à partir des témoignages des personnes
que les auteurs ont rencontrées.

SOIR D'HIVER À CHARLEVILLE

Charleville-Mézières, 4 février 2019

Il neige sur les Ardennes. Il est 17 heures. Nous attendons sous les flocons devant la salle municipale Arc-en-Ciel située sur les hauteurs de la ville, aux portes d'un quartier populaire. De l'autre côté de la rue, les habitants font leurs courses dans un magasin de *hard discount*. La porte est close. Le gardien doit apporter les clés. Nous sommes venus assister à une soirée du Grand Débat national, cette initiative participative lancée par Emmanuel Macron en réponse au mouvement des Gilets jaunes. On nous ouvre enfin la porte de la salle municipale. Arrivés bien en avance et désœuvrés, nous aidons à disposer les tables et les chaises en plastique. Des citoyens, des représentants du monde associatif et des élus sont attendus pour participer à cette réunion que le maire de Charleville-Mézières, Boris Ravignon, va animer.

Quelques heures plus tôt, nous avons rencontré le premier magistrat de la ville, préfecture des Ardennes, pour un premier échange. Nous pensions avoir décroché un tête-à-tête mais une grande surprise nous attendait : en pénétrant dans son bureau, nous avons découvert qu'il avait convié le maire de Sedan, Didier Herbillon. Ils avaient tenu à nous recevoir ensemble et nous ont raconté leur territoire, son histoire, le tempérament ardennais, leur combat contre le décrochage. Ils ont exprimé aussi leur ras-le-bol de lire ou d'entendre des discours souvent trop pessimistes et misérabilistes sur leur département. Nous sommes tombés sous le charme.

Que faisons-nous dans la capitale ardennaise ? Quelques semaines plus tôt nous nous sommes lancés dans un projet ambitieux, voire un peu fou par son ampleur : effectuer, en allant sur le terrain, une radioscopie de la France périphérique. Cette idée était née au milieu des années deux mille, lors de nos recherches communes autour du lancement d'un grand quotidien populaire. À l'époque, nous avions déjà constaté le sentiment d'abandon des populations dans ces territoires et la déconnexion des élites parisiennes face à cette réalité. D'où l'idée, grâce à un travail de fond, de leur donner la parole, de les écouter. Comment vivent-ils ? Qu'espèrent-ils ? Que peut-on faire pour améliorer leur sort ? Que font leurs élus pour résoudre leurs problèmes ? Le déclin est-il inéluctable ?

Passant à l'acte, nous nous sommes d'abord rendus dans l'Orne, un département rural en souffrance sur le plan économique, puis dans le nord de l'agglomération toulousaine, où les classes moyennes sont repoussées en raison de la flambée des prix de l'immobilier, et enfin dans les Ardennes, l'une de ces nombreuses terres à l'arrêt malgré un passé industriel glorieux. Lors de nos premières pérégrinations, nous avons souvent croisé des escouades de Gilets jaunes en position sur des ronds-points.

22 heures. La soirée du Grand Débat s'achève dans la salle municipale de Charleville-Mézières. Les échanges ont été riches, nous avons beaucoup appris et nous avons été touchés par certains récits. Suffisamment pour que nous décidions, quelques jours plus tard, de concentrer notre travail sur les Ardennes.

Depuis les années quatre-vingt, cette encoche située au nord-est de la France, à la frontière de la Belgique et près du Luxembourg, connaît un déclin ininterrompu. Ses grandes heures de champion de l'industrie métallurgique et textile se sont effacées au fil du temps pour laisser place à la litanie médiatisée des drames économiques. Electrolux, Arthur Martin, Deville, Porcher etc., ces marques du patrimoine industriel français ont quitté la région quand elles n'ont pas purement et simplement disparu. Le corollaire, c'est le déclin démographique. Les jeunes s'en vont ailleurs pour étudier et travailler, la population décroît, des classes sont fermées dans les écoles, les commerces s'essoufflent. Les Ardennes sont devenues l'un des deux départements les plus pauvres de France. Funeste destin pour ce territoire déjà traumatisé par les trois occupations allemandes de 1870, 1914 et 1939.

L'histoire doit-elle s'arrêter là ? Les Ardennais ne baissent pas les bras. Économie, éducation, urbanisme, commerce, culture, sport… dans tous les domaines, ils ont choisi de résister au déclin, avec plus ou moins de succès.

Ce livre aurait pu être un énième essai d'analyse politique, économique et sociale. Il est tout le contraire. C'est une chronique qui ne se prétend pas exhaustive. Nous y reconstituons, scène par scène, un quart de siècle d'initiatives et de combats. Les héros de notre récit sont des chefs d'entreprise qui ne veulent pas disparaître, des hommes politiques qui préfèrent s'unir pour ne pas être faibles, des rockeurs aux ambitions folles. Les personnes et les faits dont nous parlons existent ou ont existé. Nous les avons rencontrés, ils nous ont livré leur histoire, leurs histoires. Nous en avons fait un canevas entrelaçant ces parcours qui sont autant de batailles menées contre la fatalité.

PREMIÈRE PARTIE

SURVIVRE À TOUT PRIX

1

SOIXANTE PATRONS EN COLÈRE

À mi-chemin entre Charleville-Mézières et Rethel, 19 juin 1995

« Y en a marre ! » Le slogan choc s'étale sur toute la largeur d'une page de publicité du quotidien *L'Ardennais.* Au premier coup d'œil, cette annonce sans illustration n'est pas, au-delà de son titre, très sexy. Mais elle fait l'effet d'une bombe auprès de certains des plus fidèles lecteurs du journal local : les élus du département et les représentants de l'État dans la Région. Ils sont clairement ciblés par ce texte au ton plutôt agressif qui réclame l'accélération d'un chantier autoroutier en souffrance. Impossible de prendre cela à la légère, car les auteurs de cette opération surprise sont les principaux chefs d'entreprise locaux. Des patrons en colère qui se battent pour le désenclavement des Ardennes sans lequel ils estiment leur activité gravement pénalisée. Pour livrer des produits à temps, comme le réclame l'économie moderne, il faut que les camions circulent facilement vers les magasins ou les usines des clients.

Au milieu des années 1990, on accède difficilement à ce territoire. Et quand l'hiver est rude cela se complique encore. Un très lourd handicap, au moment où le marché intérieur européen prend son envol. Les Ardennes sont devenues un cul-de-sac délaissé de tous.

Nous voulons la RN 51 à quatre voies avant l'an 2000... Maintenant ça suffit. Depuis vingt ans, nous allons de promesse en promesse, mais aussi d'imprécision en imprécision. Aujourd'hui nous voulons des certitudes et des actes.

Les signataires assurent qu'ils n'en resteront pas là. Ils se disent prêts à aller plus loin que la parution de ce manifeste. Ils ont même évoqué l'organisation de barrages de pneus en feu devant la préfecture du département.

Nous n'avons plus l'intention de nous contenter de bonnes paroles. Nous interpellons solennellement tous les responsables afin qu'ils prennent leurs responsabilités et tiennent leurs engagements envers le département des Ardennes. Faute d'être entendus suffisamment vite, nous nous réservons la possibilité d'employer d'autres moyens d'action pour qu'enfin la solidarité nationale et régionale se manifeste à l'égard des Ardennes.

De fait, cela fait des années que l'on parle de ce dossier décisif mais qu'il n'avance pas. *On mène les Ardennais en bateau depuis plus de vingt ans*, argumentent les signataires de la publicité. Comme souvent, le problème c'est l'argent.

Peut-être aussi le désintérêt des élites parisiennes pour ce territoire frontalier qui ne peut pas compter, contrairement à d'autres, sur l'influence d'un élu au rayonnement national. Les députés, les sénateurs, le département, la Région, le préfet, l'État, tous disent appuyer ce dossier mais se renvoient la balle au moment de lancer le chantier. Il manque 500 millions de francs (environ 80 millions d'euros). C'est peu et beaucoup à la fois. Tout le monde se rejette la responsabilité, les années passent, les entrepreneurs sont à bout de nerfs.

Alors, au début de l'année 1994, un petit groupe de dirigeants a décidé de secouer le cocotier. Ces chefs d'entreprise ne se résignent pas au déclin des Ardennes, encore moins à l'impuissance qui l'aggrave. Pour faire bouger les choses, ils ne font plus trop confiance aux structures habituelles (fédérations professionnelles, chambres de commerce, etc.). Ils décident donc de s'unir dans une nouvelle organisation, appelée Club Ardennes Développement. Très rapidement, ils sont une soixantaine, représentant toutes les tailles d'entreprise et tous les secteurs d'activité. Impossible de les ignorer : ensemble, ils pèsent 50 % des emplois privés des Ardennes. Ils se dotent immédiatement d'outils de communication. Ils font notamment passer leurs idées dans un petit hebdomadaire de douze pages baptisé *7 en Ardennes*. Les membres du club se réunissent une fois par mois, en fin de journée, dans les locaux des uns ou des autres. Les sujets irritants sont nombreux, mais celui de la liaison autoroutière avec le reste du pays les obsède. Sur ce point, ils ont le sentiment qu'on les balade depuis des années.

La nomination d'un nouveau président du Club Ardennes Développement au début de l'année 1995 change la donne. Âgé de 45 ans, Géraud Spire est un Ardennais pure souche né à Charleville. En 1975 il a pris les commandes de Gedinor, une entreprise familiale spécialisée dans les fournitures au bâtiment qui est la branche ardennaise de l'enseigne nationale Gedimat. Diplômé de Sciences Po Strasbourg et de l'Essec, il a d'abord songé à faire une carrière de haut gradé dans l'armée dans la foulée de son service militaire. Son physique élancé et son apparence d'officier l'ont sans doute aidé à grimper les échelons de nombreuses associations patronales. Cet officier de réserve, qui est aussi suppléant d'un député RPR, a le profil idéal pour mener ses troupes à la bataille.

En avril 1995, Géraud Spire accueille les adhérents du club dans une salle mise à leur disposition par la Mutuelle ardennaise à Charleville-Mézières.

Comme chaque mois, le sujet de l'autoroute inachevée figure en tête de l'ordre du jour. Jean Druart, un ancien journaliste de *L'Ardennais*, qui a été chargé de la communication, doit présenter un plan d'action. Géraud Spire lance la discussion :

« Messieurs, sur le dossier de la liaison autoroutière, nous ne sommes pas écoutés, encore moins entendus. Je comprends le ras-le-bol de certains d'entre vous. Le mien est réel. Nous devons sans doute frapper plus fort que nous ne l'avons fait pour l'instant. C'est la raison pour laquelle nous avons demandé à Jean Druart de préparer un plan de communication offensif. Jean, pouvez-vous nous exposer vos propositions ?

— Avec plaisir, monsieur Spire. J'ai donc élaboré un programme qui repose sur deux temps forts. L'idée est d'augmenter la pression sur les hommes politiques et les pouvoirs publics. Pour cela, je suggère de réaliser très rapidement un numéro spécial de *7 en Ardennes* consacré à ce sujet. Mais il faudra oser faire un titre fort. C'est la seule façon d'espérer un impact. »

Jean-Pierre Dechirot, le dirigeant de la société de visserie Vynex, l'un des membres les plus actifs de l'association, réagit immédiatement à cette idée :

« Pourquoi pas ? Mais la diffusion de notre journal reste limitée. Ce n'est pas ça qui va déclencher une tempête.

— En effet, monsieur Dechirot, vous avez raison mais là au moins nous pouvons contrôler le contenu à 100 %. Si nous organisons une conférence de presse par exemple, les journalistes interpréteront les informations que nous leur donnerons.

— C'est quand même dommage de ne pas pouvoir nous exprimer dans *L'Ardennais*, qui est le journal lu par tous les décideurs locaux ! s'exclame Jean-Claude Pecheux, un kinésithérapeute qui a développé une activité de matériel orthopédique ; il est l'un des membres les plus engagés d'Ardennes Développement.

— Pour *L'Ardennais* j'ai une autre idée, monsieur Pecheux. Beaucoup plus événementielle. Il s'agit d'acheter une page de publicité rédactionnelle dans laquelle on présentera le même contenu que dans notre titre, mais avec une autre maquette évidemment.

— Une page de pub ? Mais cela va coûter très cher ! Et les journalistes vont s'opposer à la publication d'une information qu'ils n'ont pas validée.

— Détrompez-vous. N'oubliez pas que le quotidien a besoin d'argent. Après tout, c'est une communication qui intéressera tous ses lecteurs. Il n'y a pas que les entreprises qui attendent l'autoroute. Pensez à tous ceux qui ont des rendez-vous médicaux à Reims. Quant au prix, je pense qu'il sera supportable pour le club. J'ajoute que l'on devra impérativement accompagner cette parution d'une communication auprès des médias pour lui donner le plus grand retentissement.

— Bien. Mesdames et messieurs, qu'en pensez-vous ? Pour ma part, j'approuve cette idée. C'est le meilleur moyen, sinon le seul, de nous faire entendre. Nous pourrions même utiliser cette publicité pour demander à la population d'accompagner notre démarche. Par exemple, pourquoi ne pas publier un bon de soutien à découper ? »

L'animateur de la séance, Géraud Spire, se tourne vers ses confrères. Les réactions enthousiastes se multiplient. Le prix à payer n'est visiblement pas un sujet. Il n'est même pas question à ce stade de le négocier avec l'éditeur du journal. On verra plus tard. Reste la question du timing et du slogan, qui ont évidemment une grande importance.

La discussion s'enflamme.

« Y en a marre ! » La cinquantaine de patrons présents tourne autour de cette formule choc qui correspond si bien à leur état d'esprit du moment. Jean Druart reprend la parole :

« En vous écoutant, je crois que cette expression est la plus forte, la plus directe que nous puissions trouver. Je suggère de l'utiliser immédiatement à la une de notre prochain numéro de *7 en Ardennes*. Pour la page de pub, nous avons encore le temps d'y réfléchir mais l'idéal serait d'utiliser la même formulation. »

Géraud Spire organise rapidement un vote à main levée. La formule est approuvée à l'unanimité !

« Compte tenu de ce vote, je charge Jean Druart de monter rapidement le contenu rédactionnel du dossier ainsi que de la publicité dans *L'Ardennais*. Il est important que chacun d'entre nous apporte ses idées, voire ses prises de parole. N'hésitez pas à parler haut et fort. Je le ferai moi-même, cela va de soi. »

Reste à décider de la date de parution de la publicité dans le journal local. Décision est prise de passer à l'acte après l'élection présidentielle, pour cibler la nouvelle équipe gouvernementale. La soirée avance, les participants tardent à quitter les lieux. Ils deviennent des patrons qui se révoltent publiquement. Ce n'est pas si courant. Mais ils ont conscience qu'ils vont ainsi marquer l'histoire de leur territoire.

Quelques jours plus tard, l'hebdomadaire sort de l'imprimerie. Le ton et les mots utilisés sont très forts. En pages 6 et 7, un grand dossier dont le titre annonce la couleur : « Routes : Soixante patrons en colère ». Dès les premières lignes, les chefs d'entreprise envisagent de « mener des opérations musclées s'ils ne sont pas enfin entendus ». La suite est à l'avenant. « Jamais encore peut-être un tel vent de fronde n'avait soufflé dans les milieux patronaux ardennais, écrit l'auteur ; cette colère qui monte n'est du reste pas propre au monde des chefs d'entreprise. Il faut peut-être remonter aux années 1970, lorsque les Ardennais, d'un seul élan, avaient organisé une journée Ardennes mortes, pour retrouver un tel climat d'angoisse et de révolte mêlées. » Et d'expliciter : « Les routes agissent un peu comme un symbole : les Ardennes seront-elles reliées aux grands axes structurants de demain ou seront-elles laissées au bord du chemin ? La question n'est pas symbolique. Plus personne ne peut prétendre aujourd'hui sérieusement que sans véritables axes de communication on puisse garantir un avenir. De cela les chefs d'entreprise ardennais sont conscients. D'autant plus que certains commencent à mesurer, dans la marche même de leurs affaires, le poids de ce handicap. »

Des patrons qui semblent donc décidés à sortir, s'il le faut, du cadre légal pour se faire entendre. « Le sentiment général est que l'on se moque du monde, que l'on nous mène en bateau. » L'un des membres du club, Jean-Claude Chef, président d'Arcomat, une société d'ingénierie qui travaille dans le monde entier, précise la menace : « Nous allons adopter un manifeste, interroger Matignon dès le lendemain de la présidentielle, et nous exigerons une réponse ferme. Faute de quoi, nous agirons. » « S'il le faut, nous ferons des barrages, nous irons brûler des pneus devant la préfecture et l'hôtel de la Région », renchérit un de ses confrères.

Dans le dossier, Géraud Spire tient à expliquer pourquoi les patrons ardennais se fâchent maintenant. « Nous avons des craintes pour l'économie ardennaise. Certaines implantations se font aujourd'hui hors des Ardennes à cause de cette absence d'axes routiers structurants. On commence à entendre des entreprises locales se poser des questions sur leur avenir ici. C'est grave. Les entreprises ont fait d'énormes efforts sur la productivité et la qualité et butent sur des problèmes de circulation. C'est idiot. Et c'est inadmissible. »

Ces menaces sont fortes, mais c'est pourtant la parution de la publicité dans *L'Ardennais* à la fin du mois de juin qui provoque enfin l'électrochoc espéré. « RN 51 à quatre voies : Le “Y en a marre !” des patrons fait des vagues », titre le journal dès le 27 juin. Géraud Spire annonce au journal que plus de six cents bons de soutien ont été retournés au club, certains assortis de commentaires acerbes. Exemple : « Quinze ans pour quarante kilomètres alors que le tunnel sous la Manche a été réalisé en cinq ans ! »

Sollicités par la rédaction du quotidien, les hommes politiques disent comprendre la colère des patrons. Mais ils désapprouvent souvent la méthode. « Je m'interroge sur la démarche utilisée qui ne sert pas forcément la cause des Ardennes », regrette par exemple Michel Vuibert, le député-maire centriste de Rethel, l'une des principales villes du département, tout en reconnaissant que, comme tous les parlementaires et hommes politiques ardennais, il mesure pleinement « l'importance de la réalisation de la RN 51 à quatre voies dans les plus brefs délais ». Son collègue socialiste et nouveau maire de Sedan, Jean-Paul Bachy, est encore plus critique. « Plutôt que de faire des démarches isolées et à caractère publicitaire, il serait plus utile que les forces vives se fédèrent », grogne celui qui désigne clairement la couleur politique de ceux qui sont responsables du blocage : « Quarante kilomètres réalisés de 1985 à 1989. Le dossier a bougé sous Rocard et Bérégovoy mais s'est retrouvé au point mort sous Balladur. » Avant de faire une proposition : « La réaction des chefs d'entreprise est normale mais un front commun doit se mettre en place. »

Les patrons en colère ont-ils déjà fait bouger les lignes ? Trop tôt pour le dire. Henri Vastine, responsable de l'animation touristique dans le département, regrette pour sa part que ce mouvement n'ait pas eu lieu plus tôt. Il l'affirme avec une formule crue : « Un coup de pied au cul [des élus et des décideurs] est absolument nécessaire. »

2
MANQUE DE CRÉDIT

Nouzonville, 5 septembre 2003

« Je suis désolé de cette situation, monsieur Dury. Un courrier va suivre. Mais je tenais à vous informer personnellement de la décision que nous avons dû prendre.

— J'entends bien, monsieur. Mais vous ne nous laissez aucun délai ! Votre décision me paraît brutale. D'autant plus qu'elle ne reflète absolument pas notre longue collaboration et la relation de confiance nouée avec votre établissement, rétorque François Dury en masquant à peine sa colère.

— La situation des Ateliers Thomé-Génot n'est plus la même. Votre notation Sfac s'est considérablement dégradée. Les deux derniers bilans ne sont pas favorables, poursuit le banquier.

— Oui, la conjoncture a été bien plus difficile ces deux dernières années. Néanmoins, vous connaissez bien la position avantageuse de notre entreprise sur le marché. Nos clients nous suivent. Les contrats ont été renouvelés.

— Je ne le conteste pas, monsieur Dury. Mais la question n'est pas là. Nous en avons parlé en juin dernier. Où en êtes-vous, côté actionnariat ? Je sais quelle est votre opinion sur le sujet, mais qu'en est-il pour votre mère ? »

L'échange se poursuit quelques minutes, l'un et l'autre ressassant les mêmes arguments. Sidéré, François Dury raccroche le combiné téléphonique. Il termine à l'instant cet échange avec Didier Bruguet, le nouveau directeur régional de Natexis Banque. Aux côtés de trois autres banques, elle apporte depuis plusieurs années les financements qui ont permis à son entreprise, Thomé-Génot, de faire face aux besoins croissants de trésorerie que demande le développement de l'activité. Les Ateliers Thomé-Génot sont devenus le leader mondial dans leur créneau. Ils fabriquent des pôles d'alternateur, une pièce de haute technicité, présente dans tous les moteurs de voiture à essence. Et pourtant la banque les lâche et leur demande de rembourser 2 millions d'euros d'avance de trésorerie d'ici au 20 septembre. C'est-à-dire dans moins de quinze jours ! Évidemment, cela est impossible. Son interlocuteur chez Natexis est arrivé à son poste de directeur régional quelques semaines plus tôt, ils ne se connaissent pas vraiment. Nouvellement installé, il veut faire le ménage. Et surtout il semble ne rien vouloir entendre des arguments de François Dury. Pour Didier Bruguet, les derniers signaux montrent que l'engagement de la banque est trop risqué. Un point, c'est tout. La décision était prise avant l'appel, le courrier, déjà parti à l'attention de la direction générale de Thomé-Génot.

François Dury voit un gouffre s'ouvrir devant lui. Ce qu'il redoutait est en train de se produire. Comment vont-ils pouvoir faire face ? Il essaie de réfléchir mais pour l'instant la colère monte. Depuis des années, il n'a cessé d'alerter sur les risques de cette croissance effrénée et de recommander de trouver un partenaire. Hors de lui, il fait voler la porte de son bureau, se dirige vers celui du secrétariat contigu au sien et, la gorge nouée, questionne : « Madame Dury a-t-elle prévu de venir aujourd'hui ? » Sa mère a pour habitude de passer au bureau l'après-midi. Il espère qu'il va enfin avoir une vraie discussion avec elle et réussir à lui faire entendre raison. Sans son accord, rien n'est possible.

« Maman, j'ai reçu un coup de fil et une nouvelle vraiment désagréables. Je suis très inquiet.

— Que se passe-t-il, François ? répond Claudie Dury.

— Le nouveau directeur de Natexis m'a appelé. Ils ne nous suivent plus. Ils annulent la ligne d'escompte sur les factures Valeo et Visteon. Décision effective dans dix jours.

— François, ne t'affole pas comme ça. On en a vu bien d'autres.

— Maman, ça me paraît grave, cette fois-ci… »

Pendant quelques secondes, Claudie Dury parcourt machinalement le parapheur que la secrétaire a déposé devant elle. Dans son immense bureau décoré de boiseries, son attitude impassible offre un contraste saisissant avec l'état d'effondrement de son fils.

« Comment se fait-il qu'ils demandent ça maintenant ? Alors que nous avons renouvelé les contrats avec Ford et Valeo. Nous n'avons jamais produit et vendu autant ! Nos commandes sont assurées pour les trois années à venir ! Ils ne peuvent pas nous faire ce coup-là.

— Oui je sais bien, maman… Cette fois, ils ne veulent rien entendre. Nous l'avons vu venir et maintenant nous sommes au pied du mur. Et nous n'avons pas cet argent sur les comptes.

— Ta, ta, ta… Nos clients continuent d'avoir besoin de nous.

— Oui, c'est vrai mais dans des conditions qui nous étranglent, en nous demandant sans cesse de baisser les prix ! »

Après un court silence, François Dury reprend :

« Notre situation est devenue de plus en plus intenable, tu le sais. Je crains le pire. Si Natexis se retire, quelle va être la réaction de nos autres partenaires financiers ? »

Haute stature, la cinquantaine, François Dury n'est pas véritablement le patron des Ateliers Thomé-Génot. Le chef, c'est sa mère. En tant que présidente, elle détient la clé de toutes les décisions stratégiques. Lui, il est le directeur général et le directeur commercial. Depuis plus de vingt ans qu'il travaille dans l'entreprise familiale, il en connaît parfaitement les rouages, les clients et le marché.

En 1987, à la suite du décès brutal de son père, Philippe Dury, la succession s'impose selon ses dernières volontés. Il a prévu que sa femme reprenne les rênes de l'entreprise. Claudie Dury, désormais jeune veuve, connaît bien le milieu. Elle est issue de la famille Jayot, propriétaire de l'entreprise de fonderie éponyme, installée dans la commune voisine. Après ses études supérieures, elle a même dirigé une PME qui comptait une dizaine de salariés. Et puis, par son mari, elle est au courant des affaires familiales. Pour Claudie Dury, reprendre le poste de p-dg répond, plutôt qu'à une quelconque ambition personnelle, à une obligation morale. Celle de pérenniser l'entreprise et de la transmettre à ses enfants, ses héritiers.

Beaucoup – François Dury le premier – ont trouvé curieux que Philippe Dury n'ait pas voulu transmettre directement à ses enfants. Au moment de la mort de leur père, tous étaient pourtant associés aux affaires. Chacun dans son domaine. François, l'aîné, s'occupait du développement commercial. Après des études à Sup de Co Reims, il avait commencé à travailler aux côtés de son père dès 1978. Ils partageaient tout, son père le conviait à toutes les réunions clés et François avait beaucoup appris. Il faisait figure de successeur légitime à la tête de l'entreprise. Les deux autres frères, Jacques et Pierre, semblaient bien moins intéressés par la gestion de l'affaire familiale. Cependant, Pierre avait pris la direction des établissements Jayot, l'entreprise de métallurgie issue de la famille de sa mère. Jacques, qui avait un profil d'ingénieur, était directeur technique et directeur d'usine au sein de Thomé-Génot.

Depuis la disparition de son père, François Dury participait aux décisions stratégiques et opérationnelles, sans être aux manettes. Il essayait de conseiller sa mère sur tous les dossiers.

« Tu te souviens, maman, quand nous avons signé avec Ford en 1994 pour le mono-sourcing ? C'est à ce moment-là que pour la première fois je t'ai dit qu'il nous faudrait trouver un partenaire.

— François, nous nous en sommes bien sortis jusqu'ici.

— Oui, jusqu'ici, maman… Ce qui m'inquiète, c'est la réaction des autres banques qui pourraient faire de même. »

Pas facile de faire face à ce petit bout de femme très déterminé. Même si les opinions de François Dury sur la gestion diffèrent de celles de sa mère, il les formule du bout des lèvres et peine à se faire entendre. Claudie Dury s'oppose depuis de nombreuses années à toute modification de la gouvernance et du capital de l'entreprise. En conservant le cadre et les pratiques du passé, elle honore le souvenir de son mari et l'héritage familial. Elle se voit comme un passeur : transmettre intacts l'entreprise et l'outil industriel à ses enfants. Dans le fond, elle sait mais ne veut pas admettre à quel point Thomé-Génot est un géant aux pieds d'argile.

Elle a bien vu les nouveaux défis s'accumuler sur sa route mais elle n'avait pas été préparée à les affronter. En quelques années, les Ateliers Thomé-Génot ont multiplié par trois leur chiffre d'affaires. De près de 15 millions équivalent euros en 1987, il est passé à 50 millions en 2000 ! Cet exploit a été réalisé sans apport extérieur, quasi exclusivement avec le concours d'un groupe de cinq ou six petits partenaires financiers.

François Dury savait bien que l'exercice avait ses limites, que cela faisait peser des charges financières dangereusement lourdes sur l'entreprise. Le chiffre d'affaires et la production ont crû à une allure folle. Cela nécessitait des investissements incessants dans le parc de machines et un accroissement des achats de matière première. Les Ateliers Thomé-Génot avaient de plus en plus de mal à joindre les deux bouts. Le décalage constant entre le paiement immédiat des factures des fournisseurs et des salaires, et le règlement des clients aggravait la situation. C'est ainsi que, comme nombre d'entreprises en croissance, Thomé-Génot avait une activité florissante et une trésorerie réduite comme une peau de chagrin. C'est précisément là que les banques comme Natexis pouvaient apporter une solution, non pas en finançant les investissements mais en accordant une avance sur les factures des clients à encaisser.

François Dury le sait bien, ce concours bancaire est un cautère sur une jambe de bois. Depuis plusieurs années, il défend inlassablement la nécessité de faire entrer de nouveaux associés et de l'argent frais au capital de l'entreprise. Et parallèlement, il lutte pour faire avancer un projet d'extension du site de Nouzonville afin d'accroître les capacités de production et de moderniser les usines. L'autre solution est le déplacement de la production des pôles d'alternateur sur un site plus grand, toujours dans les Ardennes. Voire dans un pays d'Europe de l'Est, où les coûts de production sont bien plus faibles. Une solution à laquelle poussent d'ailleurs les clients de Thomé-Génot. Mais, profondément attaché à son territoire et aux collaborateurs de l'entreprise, François Dury veut à tout prix maintenir l'activité dans la vallée. Et il n'a pas ménagé sa peine. Dès le milieu des années 1990, il a demandé à son ingénieur en chef d'effectuer un chiffrage du projet industriel. Puis, contre vents et marées, il a négocié pied à pied avec la préfecture, étudié la faisabilité avec la Mairie. Lors de la crue historique de 1995, la Meuse a envahi les usines. Malgré tout, il a tenu. Le projet nécessitait un investissement lourd de 20 millions de francs que les actionnaires actuels n'avaient pas les moyens de financer. Aidé d'un cabinet de conseil, il s'activait donc pour rencontrer des partenaires financiers.

Une énième fois, lors du conseil d'administration de novembre 1999, Claudie Dury a affirmé sa volonté de maintenir le patrimoine familial et de tout mettre en œuvre pour assurer sa pérennité. De ce fait, elle écartait catégoriquement l'entrée d'un nouvel actionnaire dans le capital de l'entreprise. Elle demandait à nouveau le report de tout plan d'extension ou de déménagement du site. Ces projets auraient demandé des moyens financiers accrus, que seule l'entrée de capitaux frais, et donc de nouveaux associés, aurait permis.

Déjà depuis le début des années deux mille, la situation de l'entreprise s'est dégradée. Le coût de la matière première ne cessait de renchérir. La Chine, en pleine croissance, engloutissait alors des quantités faramineuses d'acier, créant de fortes tensions sur les marchés. Thomé-Génot a vu ses coûts d'achat augmenter terriblement, ses marges se réduire. François Dury a bien tenté de s'adapter, de renégocier les contrats avec les clients mais les géants de l'automobile ne voulaient rien savoir. Intraitables, les directions des achats de Valeo et de Visteon, principaux clients de l'entreprise, exigeaient toujours de résoudre une équation impossible : plus de qualité et plus de quantité. Imperturbables, elles attendaient même une baisse des prix tous les ans !

Un peu plus tôt cette même année 2003, un expert de la Sfac, organisme missionné par les sociétés de crédit pour vérifier la santé financière des débiteurs, est venu auditer Thomé-Génot pour actualiser sa notation. L'expert n'a pas été rassuré par la situation. Sans préavis et sans considération pour d'éventuels dégats collatéraux, la notation est passée de 7 à 4 sur 10 ! Un cataclysme puisque la notation en question est utilisée par les banques pour orienter leur stratégie de financement des entreprises. Évidemment, cette chute brutale expliquait et justifiait le repli soudain de Natexis.

Comme le craignait François Dury, dans les jours qui suivent l'appel du patron régional de Natexis, le château de cartes s'effondre. Un à un, chacun des partenaires bancaires de Thomé-Génot l'informe de l'annulation de la ligne de crédit accordée cinq ans plus tôt. Le Crédit Agricole, la SNVB, le Crédit Lyonnais et la BNP. Au total, ce sont près de 10 millions d'euros d'avance de trésorerie qu'il faut rembourser en un délai record.

La pression est intenable. Le 16 septembre, Claudie Dury est bien forcée d'agir. En tant que présidente du directoire, elle passe une note aux actionnaires. Elle y évoque enfin les événements et les facteurs qui ont accru le besoin en fonds de roulement de l'entreprise : la hausse du chiffre d'affaires des dernières années, les coûts de stockage aux États-Unis, l'impact des

35 heures sur l'organisation. Sa conclusion est nette : « Nous ne pouvons pas nous cacher que, n'ayant plus la possibilité financière de faire face à tous ces besoins actuels et à venir, la cession de Thomé-Génot est pour nous la seule solution. »

Ce changement radical qui était tant attendu depuis près de dix ans se produit enfin ! Mais il intervient trop tard. Ce n'est pas en quelques jours que l'on peut trouver un nouveau partenaire et des fonds frais.

Tout s'accélère. Le 22 septembre, François et Claudie Dury se présentent blêmes devant le tribunal de commerce. Ils demandent la mise en place d'un mandat ad hoc, une sorte de période de trêve et de mise sous protection de l'entreprise le temps de trouver une solution. Renaud Stackler, administrateur judiciaire installé à Paris, est immédiatement saisi. Le président du tribunal de commerce lui confie une double mission. Trouver un accord avec les banques pour rétablir les lignes d'escompte. Lancer la recherche d'un partenaire pour entrer dans le capital de Thomé-Génot.

Commence alors une course folle. Une course contre la montre. En quelques semaines, maître Stackler rencontre chacune des banques tout en organisant les échanges avec de possibles nouveaux actionnaires. Assez vite, la discussion semble bien avancer avec l'un des candidats. Il s'agit d'Estamfor. Cette filiale du groupe industriel Farinia est installée aux Hautes-Rivières, dans la vallée voisine. La perspective d'un partenaire local issu du même secteur est rassurante. Cependant, contre toute attente, la discussion capote après une réunion calamiteuse en décembre 2003. Les exigences des repreneurs paraissent extravagantes et, surtout, ils se montrent peu diplomates avec les banquiers présents autour de la table.

De son côté, François Dury active ses réseaux. D'octobre à décembre 2003, il se démène pour sauver l'entreprise familiale. Il identifie et propose plusieurs candidats. Parmi lesquels un tandem d'Américains qu'il a rencontré grâce à son client Ford. D'abord indifférent et peut-être même agacé par l'interventionnisme de François Dury, maître Stackler finit par s'intéresser à la piste américaine, Catalina.

Au début de l'année 2004, après avoir jeté l'éponge avec Estamfor, l'administrateur judiciaire consent à donner leur chance aux Américains et fixe enfin une réunion de travail. En fait, celle-ci n'aura pas lieu car, à la surprise générale, le tribunal de commerce convoque tous les acteurs du dossier en février 2004 et place immédiatement les Ateliers Thomé-Génot en redressement judiciaire. Personne ne s'y attendait. En particulier, pas François Dury ni maître Stackler qui s'affairaient depuis des mois à la mise en place d'une solution. Cette décision les laisse sidérés. Pourquoi le tribunal a-t-il accéléré et pris cette décision ?

À partir de ce moment, Claudie Dury et son fils François perdent le contrôle. Maître Stackler gère alors toutes les décisions stratégiques mais aussi les dépenses engagées, au centime près. Pendant le printemps et l'été 2004, la mère et le fils assistent impuissants à la valse des repreneurs. De nouvelles tractations ont lieu. L'administrateur parvient encore à faire patienter les banquiers, en leur faisant miroiter les projets de reprise. Contre toute attente, Estamfor revient sur le devant de la scène et dépose une offre au tribunal de commerce. De leur côté, les Américains de Catalina peaufinent leur projet et le présentent à leur tour aux juges. En juillet, ces derniers écartent définitivement Estamfor. Le projet n'est pas assez ambitieux et trop coûteux en emplois. En effet, Estamfor prévoit une restructuration de l'entreprise, des suppressions de postes et la mutualisation de certaines fonctions avec ses sites des Hautes-Rivières. Les juges, comme le préfet qui agit en coulisse, ne veulent pas entendre parler de casse sociale. Les Ardennes ne doivent pas être le théâtre d'une nouvelle hémorragie d'emplois ! À la fin de l'été, Catalina sort grande gagnante. Son projet aligne tous les atouts, et notamment la promesse de conserver l'ensemble des emplois et un apport financier externe. De quoi parfaitement rassurer les acteurs du dossier.

En septembre 2004, le dernier round laisse les Dury K-O. Le tribunal les presse de signer un accord avec les Américains. On ne leur laisse ni le choix, ni le temps de réfléchir. Cet accord stipule que, sous réserve que le tribunal de commerce accepte le plan de continuation, la famille Dury cède plus de 70 % du capital des Ateliers Thomé-Génot à Catalina pour un euro symbolique ! Les 30 % restants demeurent entre les mains de François Dury et d'un pool de petits actionnaires.

Le plan de continuation de Catalina est accepté par le tribunal de commerce le jeudi 14 octobre 2004. En une année, la famille Dury, à la tête du leader mondial des pôles d'alternateur, a perdu le contrôle de son destin. François Dury sort exsangue de ce marathon. Très attaché à l'entreprise de ses aïeux, à ses salariés et au destin de Nouzonville, il espère bien que le pire est derrière eux.

3

UNE SI LONGUE ATTENTE

Poix-Terron, 20 décembre 2003

Il fait froid et humide ce samedi matin dans les Ardennes. À quelques jours de Noël, les habitants ont déjà la tête à la préparation des fêtes. Il est temps d'acheter les derniers cadeaux pour les enfants. Mais, pour l'instant, les élus et les notables du département ont autre chose à faire. Ils ont tous rendez-vous à proximité du village de Poix-Terron, situé à dix-sept kilomètres au sud de Charleville-Mézières, au bord d'un tronçon d'asphalte flambant neuf. Le Père Noël a pris un peu d'avance pour offrir au territoire ardennais une liaison autoroutière avec le reste de la France.

Cette inauguration solennelle figure depuis longtemps à leur agenda car elle marque l'aboutissement d'un chantier interminable de trente-quatre ans, source de nombreuses et spectaculaires polémiques. Point d'orgue : le coup de colère des principaux chefs d'entreprise de la région en 1995. En prenant à témoin l'opinion publique, ils ont tenté de mettre la pression sur les responsables politiques régionaux et nationaux afin qu'ils terminent enfin un projet vital pour le désenclavement des Ardennes. Sans grand succès : les rebelles ont été contraints d'attendre encore huit longues années…

Le temps n'est plus aux bisbilles. Plusieurs patrons qui se sont battus pour l'autoroute sont présents. Sous un ciel de plomb, ils se mêlent au gratin politique local, accompagnant celui qui avait été leur « chef de guerre » en 1995, Géraud Spire, aujourd'hui président de la chambre de commerce des Ardennes. De leur côté, les politiques songent surtout à célébrer l'événement. Certains ont d'ailleurs préféré prendre les devants. Deux jours plus tôt, Claudine Ledoux et Jean-Paul Bachy, maires PS respectivement de Charleville-Mézières et de Sedan, ont tenu une conférence de presse commune relayée notamment par *L'Ardennais*. « Les élus socialistes ont pris leur part aux différents combats qui ont permis cette réalisation », a affirmé Jean-Paul Bachy avant d'égrener une liste de doléances pour les années à venir.

Bravant le froid, les intervenants se succèdent au pupitre équipé d'un micro qui surplombe le tracé autoroutier. L'un des élus les plus enthousiastes est Roger Aubry, le président divers droite du conseil départemental. Ce petit homme grisonnant vêtu d'un manteau noir laisse éclater sa joie. « Les Ardennes ne sont plus le pays où l'on n'arrive jamais ! s'exclame-t-il ; il faut maintenant profiter de cet élan pour achever les vingt-sept kilomètres manquants vers la frontière belge. » De fait, un combat succède à un autre. « Il faut que les Ardennes cessent d'être un cul-de-sac », a déjà prévenu Pierre Baraton, préfet des Ardennes de 1997 à 2000. Chacun évoque donc à tour de rôle le nouveau combat du département : le chantier de « l'Y » ardennais qui permettra le désenclavement vers le nord et vers l'est. Au sud de Charleville, l'autoroute inaugurée aujourd'hui se séparera en deux branches, l'une en direction de Charleroi, en Belgique, l'autre vers Sedan et Liège. Mais la prudence s'impose : nombreux sont ceux qui redoutent que cela ne prenne encore quinze à vingt ans…

Le président du conseil régional, le professeur Jean-Claude Étienne, venu de Reims, en est pleinement conscient. « Il faut mettre les bouchées doubles pour rejoindre la frontière belge », exhorte ce natif de Vouziers, dans les Ardennes. C'est pour cette raison qu'il a convié aujourd'hui son homologue de la région wallonne Jean-Claude Van Cauwenberghe, dont le physique de colosse ne passe pas inaperçu. Maintenir la fluidité de la circulation vers la Belgique impose aussi des investissements importants de l'autre côté de la frontière. « Cette ouverture est une bonne émulation, reconnaît l'invité de marque avant de décorer Jean-Claude Étienne de la médaille de grand officier de l'Ordre de la Couronne belge ; l'Europe se concentrera demain sur les coopérations transfrontalières et transnationales. C'est cette Europe de l'ouverture et des réseaux que nous construisons avec cette autoroute. Charleroi-Charleville est une liaison vitale. En premier lieu pour nous-mêmes, afin de mieux faire fonctionner l'aéroport et la plate-forme multimodale de Charleroi. Nous allons redoubler d'efforts. »

Le moment fatidique est venu. Jean-Claude Étienne s'avance vers le ruban symbolique. Il est entouré de son confrère wallon, de Bernard Lemaire, le préfet du département, et de Roger Aubry. Au deuxième plan, les jeunes députés Bérengère Poletti et Jean-Luc Warsmann sont tout sourire. Tous les VIP présents se sont rapprochés.

« Je déclare solennellement ouverte la nouvelle nationale à quatre voies qui deviendra bientôt l'autoroute A 34. »

Les applaudissements fusent.

Les premiers à emprunter le nouveau tronçon sont des véhicules de collection conviés pour l'occasion. Ils sont rapidement suivis dans les deux sens par les premiers automobilistes. Derrière la rambarde de protection, les invités de la cérémonie les saluent. En attendant l'arrivée du TGV, espérée pour 2007, le désenclavement des Ardennes vient de faire un pas de géant.

4
LES AMÉRICAINS PAYENT LE CHAMPAGNE

Nouzonville, 19 novembre 2004

La nuit est tombée. La brume envahit les rues de la petite commune de Nouzonville, située à quelques kilomètres au nord de Charleville-Mézières, au début de la vallée de la Meuse. Une fois n'est pas coutume, ce vendredi, la mairie ressemble à un petit château de Versailles. Les lumières, allumées dans toutes les pièces, s'échappent des fenêtres. La clameur venue de l'intérieur et des abords de l'édifice résonne à plusieurs dizaines de mètres alentour.

Il est à peine 19 heures. Un air de fête a envahi Nouzonville. Le centre-ville, habituellement si calme et silencieux, est animé. Le parking et les trottoirs sont envahis de voitures. Des groupes se forment sur les marches de la mairie et à ses abords. À l'intérieur, le champagne coule à flots et le buffet, installé sur des tréteaux, regorge de petits fours. La foule est dense. Difficile de se frayer un chemin. Chacun circule dans le brouhaha, coupe à la main.

Ce soir-là, les invités ont afflué en nombre pour assister à l'épilogue de l'incroyable feuilleton médiatique qui a tenu toutes les Ardennes en haleine. Pendant des mois, chacun a retenu son souffle. Un monument a failli disparaître du paysage. Les Ateliers Thomé-Génot sont l'un des derniers fleurons de la vallée de la Meuse. Créée au XIXe siècle, la forge s'est formidablement développée et a même survécu à plusieurs épisodes tragiques. Les usines pillées par les Allemands en 1914 et transformées en hôpital ; la Seconde Guerre mondiale et la réquisition par les troupes allemandes. Incroyablement résiliente, l'entreprise a pu se remettre sur pied et est alors passée entre les mains du grand-père de François Dury.

Depuis ses chaînes de production dans les Ardennes, Thomé-Génot, ce « bijou » industriel venu d'un autre temps, s'est lancé à la conquête des marchés mondiaux et a servi glorieusement les plus grands équipementiers automobiles. Deux millions de pièces produites chaque année. Les pôles d'alternateur qui sortent de ses usines équipent les moteurs des plus grandes marques de voitures. C'est simple, au tournant du XXIe siècle, la petite entreprise ardennaise détient 20 % des parts du marché mondial dans son secteur. Sa technologie révolutionnaire, inégalée, est reconnue par Ford, aux États-Unis, Valeo, en France. Des générations d'ingénieurs et d'ouvriers maison n'ont cessé d'améliorer les techniques. Les uns, souvent autodidactes, sortes de professeurs Tournesol de la mécanique, ne cessent d'inventer, de tester, de peaufiner les outils de production. Les autres, ouvriers de père en fils, se transmettent le feu sacré, le goût du travail bien fait et le sens du dévouement.

C'est dire si, au début des années deux mille, Thomé-Génot fait figure d'exception dans le coin. Car avec la crise de la métallurgie et la mondialisation, un grand nombre de « boutiques » – nom que l'on donne aux forges le long de la Meuse – ont fermé au cours des trente dernières années. Mais les Ateliers Thomé-Génot sont toujours là. Solides comme un roc. Les clients restent, fidèles. Les contrats sont renouvelés. Les volumes croissent. Les usines fonctionnent 24 heures sur 24, 7 jours sur 7. Les équipes s'activent pour maintenir les capacités de production à 100 %. Elles bichonnent les machines. Alors quand, en plein boom, l'entreprise se retrouve devant le tribunal de commerce, la stupeur est totale !

Depuis quelques semaines, la vallée de la Meuse a repris son souffle et assiste à un tournant digne d'un conte de fées. Greg Willis et Catherine Zickfeld, les nouveaux actionnaires américains, ont tenu à fêter en grande pompe le redémarrage de l'entreprise. Ils ont convié l'ensemble des collaborateurs des Ateliers Thomé-Génot ainsi que toutes les sommités judiciaires, politiques et économiques que compte le département. Le maire a proposé d'ouvrir les portes de l'hôtel de ville pour l'occasion.

Plus de deux cent cinquante salariés sont là. Les ouvriers, les collaborateurs administratifs, les ingénieurs sont venus en masse, le plus souvent avec mari ou femme. Parfois, les représentants de deux générations d'une même famille se trouvent réunis dans cette assistance. Car les Ateliers Thomé-Génot sont le plus gros employeur de la vallée. Il n'est pas rare que dans une famille, le grand-père y ait travaillé, puis le père et le fils. Mais aussi l'épouse. Seuls les cégétistes ont décidé de boycotter la soirée, par principe. Cependant plusieurs délégués syndicaux de tous bords sont bien présents.

Les élus et tous les officiels des Ardennes, acteurs principaux, seconds rôles ou spectateurs de ce que l'on a appelé l'affaire Thomé-Génot durant des mois, ont répondu à l'invitation, sans exception. À commencer par les maires des communes alentour, parmi lesquelles Gespunsart, où l'entreprise a également des usines et des bureaux. Arrivent peu à peu Pierre Cordier, conseiller général du canton ; les députés et sénateurs des Ardennes ; le préfet, Adolphe Colrat, nommé depuis le tout début de l'année ; le patron du Medef des Ardennes mais aussi Géraud Spire, président de la chambre de commerce et d'industrie. Les quelques juges et conseillers du tribunal de commerce de Charleville-Mézières – dont le président, Jean-Louis Noizet – qui se sont penchés sur le dossier ont fait le déplacement. Bien entendu, la presse est venue assister aux agapes. France 3 régions et le quotidien *L'Ardennais* ont envoyé leurs correspondants pour cet événement de taille.

Tout a été fait dans les formes. Les invités ont reçu un carton d'invitation très officiel pour célébrer la fusion de Catalina Capital Advisors, LLC et des Ateliers Thomé-Génot. À leur arrivée, deux jeunes femmes leur remettent une casquette beige brodée de l'inscription *Thomé-Génot & Catalina Company*. La salle municipale est décorée de guirlandes et de cotillons. Ce folklore et cette exubérance très américains étonnent. Les participants finissent par s'amuser de cette ambiance de kermesse. Après tout, pourquoi pas un peu de légèreté après des mois d'angoisse et de lutte ? Ce jour-là, les Thomé-Génot et leurs familles sont ivres de joie, grisés par le récent revirement de leur destin.

L'atmosphère tranche avec la déprime et les nuits blanches des derniers mois. Personne ne s'attendait à vivre une telle scène d'allégresse. Le cauchemar est passé. Tous ici présents veulent croire à un renouveau. Tous, y compris François Dury qui a pourtant beaucoup perdu en à peine une année. Il y a encore quelques semaines, il était à la tête de Thomé-Génot. Son entreprise, joyau familial transmis de génération en génération, vient de passer sous pavillon américain. Dans la tempête, il a agi comme ferait le capitaine d'un navire. Il a tenu la barre, il a tout tenté pour sauver le vaisseau, nuit et jour, sans se ménager, pensant à son équipage. Surtout ne perdre aucun homme. François Dury est un homme éreinté par des mois de bataille.

Lors de la soirée donnée par Catalina, il n'est qu'un invité parmi d'autres. Arrivé en compagnie de quelques cadres de l'entreprise, directement depuis son bureau, il n'a eu qu'à traverser la rue qui sépare le site de Thomé-Génot de la mairie. Discret et courtois par nature, il vient cependant saluer tour à tour ces invités de marque qu'il connaît bien. Pour certains, cela fait des années qu'il les côtoie dans les instances prud'homales ou patronales. Quelques-uns ont été ses alliés dans ses combats pour agrandir les capacités de production de l'entreprise ou pour la sauver des griffes de repreneurs peu reluisants. D'autres ont été des adversaires, plus ou moins déclarés, au cours des derniers mois qu'il a passés à se battre pour maintenir l'entreprise familiale à flot. Il ne peut s'empêcher de laisser paraître une petite pointe d'amertume dans ses propos.

« Bonjour monsieur, ravi de vous voir ce soir à Nouzonville. »

François Dury accueille le directeur de cabinet du préfet, auquel il a eu affaire de nombreuses fois ces derniers temps.

« Ah ! monsieur Dury, comment allez-vous ?

— Partagé. Je dirais même déchiré, ce n'est pas ce que nous avions imaginé. Notamment, je regrette la manière dont notre dossier a été traité au tribunal de commerce, vous savez.

— Oui, monsieur Dury. Ce fut un épisode très douloureux pour vous et votre famille. J'en suis bien conscient. Personnellement, je me félicite de cette solution qui permet de sauver tous les emplois. Je crois que vous y êtes aussi sensible que moi.

— En effet, je n'aurais vraiment pas supporté de voir nos salariés mis à la porte alors que nous avons tous ces contrats en cours avec des clients qui nous font confiance. Je ne peux pas me déclarer heureux du résultat mais je suis relativement satisfait et soulagé de voir que l'offre de Catalina a été retenue. »

Les discussions s'interrompent soudain.

Après avoir serré des centaines de mains pendant plus d'une heure, le nouveau boss, Greg Willis, spécialement venu de Los Angeles, s'avance vers l'estrade. L'assistance va enfin découvrir le tandem californien à la tête de Catalina, dont les nombreux atouts ont séduit le tribunal de commerce.

Justement, Greg Willis invite ses meilleurs supporters – le préfet Colrat, le président du tribunal de commerce, Jean-Louis Noizet, et François Dury – à le rejoindre et à prendre la parole. Ces trois-là qui connaissent bien le dossier ont toutes les raisons d'être positivement impressionnés.

Avec l'aide du Français Marc Ballu, consultant de PricewaterhouseCoopers et fin connaisseur des tribunaux de commerce, les Américains ont déposé une offre de reprise imbattable. Dans leur dossier, ils expliquent comment ils comptent mettre en place un groupe européen de sous-traitants du secteur de l'automobile et alignent des atouts décisifs. Ils ont une vision et un projet industriel, ils connaissent très bien le secteur. Leur objectif est d'automatiser, de rationaliser des pépites telles que Thomé-Génot en leur apportant leur savoir-faire dans la gestion de la production et des moyens financiers. Ils ont déjà identifié quelques autres entreprises de sous-traitance, très bien positionnées sur des niches du secteur automobile, pour constituer un petit groupe.

Ils apportent aussi un joker : un partenaire financier extrêmement solide. Lightyear Capital est un fonds d'investissement réputé pour son sérieux. Il avance un engagement immédiat de 2 à 3 millions d'euros. Une manne quand on sait que depuis près de trois ans la trésorerie des Ateliers Thomé-Génot est exsangue !

Dans le dossier de reprise, tout est détaillé. De la stratégie industrielle et commerciale jusqu'au futur management. Le projet est tellement solide que le repreneur ne prévoit pas seulement de sauvegarder tous les emplois des deux sites de Thomé-Génot. Il annonce en outre son intention d'embaucher les soixante-dix intérimaires ! De l'avis des juges, du préfet et de tous les acteurs ayant agi en coulisse, une telle proposition ne pouvait se refuser. D'ailleurs, jusqu'à ce jour, jamais un tribunal de commerce n'avait vu une offre de reprise aussi alléchante. Le préfet, désireux de sauver les emplois à tout prix, a poussé le dossier en sous-main et manifeste son emballement devant les invités.

« Ce soir, nous ne pouvons que nous réjouir. Avec l'arrivée de leur nouveau partenaire Catalina, les Ateliers Thomé-Génot sont placés sous les meilleurs auspices. La confiance réciproque qui s'est déjà manifestée en sera le meilleur artisan », déclare-t-il avant d'énumérer toutes les planètes qui se sont alignées. « La confiance des pouvoirs publics en la nouvelle direction et en ses capacités à faire avancer l'entreprise nouzonnaise dans le bon sens. La confiance des dirigeants de Catalina dans le savoir-faire des salariés de l'entreprise qui a joué un rôle essentiel dans l'issue des débats du tribunal de commerce. La confiance, enfin, que les employés peuvent avoir envers les intentions de leur nouvelle direction. »

C'est finalement au tour de Greg Willis de s'exprimer. La cinquantaine, cheveux grisonnants, de taille moyenne et une allure de cadre propre sur lui, le nouveau patron est un homme affable. Son physique passe-partout colle bien à son brillant parcours. Il a été le directeur financier de Toyota aux États-Unis pendant près de vingt ans. Il est précédé d'une excellente réputation dans le secteur automobile et bien connu de Visteon, filiale du groupe Ford, l'un des plus gros clients de Thomé-Génot. Ce sont d'ailleurs les interlocuteurs de François Dury qui l'ont mis en relation directe avec Greg Willis. Cette recommandation a donné beaucoup de poids et de crédit au dossier porté par Catalina. Car il va de soi que Visteon a pour objectif de sécuriser ses approvisionnements en pôles d'alternateur. L'équipementier ne devait prendre aucun risque. Depuis de nombreuses années, il avait fait de Thomé-Génot son unique fournisseur pour cette pièce. Toute rupture dans l'approvisionnement de pôles d'alternateur l'exposait à une interruption totale de sa production. Impensable. Il lui restait encore deux ans avant la fin du contrat qui l'engageait auprès de Thomé-Génot. Il était donc impératif de soutenir totalement son sous-traitant.

Greg Willis prononce un discours assez court, en français, avant de présenter ses deux acolytes. Catherine Zickfeld et Don Haller se tiennent à ses côtés sur l'estrade. Femme de l'ombre et de chiffres, Catherine Zickfeld est l'associée de Willis au sein de Catalina. Spécialisée dans les opérations de fusion et d'acquisition, elle a œuvré dès la première heure à la constitution de la nouvelle entité. Elle devient la nouvelle administratrice. Don Haller est l'ancien directeur de la production et de la logistique de Toyota. Un parcours impeccable de quarante années dans le secteur automobile. Il est nommé directeur général du nouveau Thomé-Génot. Comme les juges du tribunal quelques semaines plus tôt, l'assistance présente ce soir à Nouzonville est conquise !

Une fois les discours terminés, la soirée se poursuit joyeusement jusqu'à 20 h 30. Chacun rentre alors chez lui, soulagé que le pire soit passé. Tous. Même François Dury, habituellement réservé et qui ne se laisse que rarement aller à manifester ses émotions. Il y croit à nouveau. Sa famille a perdu le contrôle de son entreprise, tout s'est emballé pendant quelques mois. Il est à bout mais, pour lui, l'essentiel est que le futur de Thomé-Génot soit sécurisé. Il n'aurait pas supporté sa disparition. S'il ne peut conserver l'entreprise dans le giron familial, François Dury met un point d'honneur à sauver les installations, les emplois à Nouzonville. Désormais responsable du développement, il frôle les murs, se veut discret. Il espère garder une relation de confiance avec les nouveaux actionnaires et un pied dans l'entreprise et, ainsi, veiller à l'intégrité de l'héritage paternel. C'est ce qu'il croit.

En remontant à pied le trottoir en pente qui le mène à son domicile, il songe à sa rencontre avec les gens de Catalina un an plus tôt et à ce que Don Haller lui a dit à plusieurs reprises dans les mois qui ont suivi : « Vous savez, nous ne sommes pas des capitalistes, nous ne venons pas nous substituer à vous. Nous voulons vous aider à vous réorganiser. »

5
DU RIFIFI AU TRIBUNAL

Charleville-Mézières, 24 octobre 2006

La foule s'amasse devant les grilles de la préfecture. Une centaine d'employés et d'ouvriers des Ateliers Thomé-Génot, quelques-uns en chasuble CGT ou FO, ou bonnet vissé sur le crâne, viennent interpeller les pouvoirs publics et ont obtenu du préfet qu'il les reçoive. Cela fait des mois que des signaux inquiétants se manifestent. Que ce soit dans les bureaux ou dans les ateliers, on voit bien que quelque chose ne tourne pas rond dans cette boutique.

C'est jour d'audience au tribunal de commerce de Charleville-Mézières. Ce dernier est installé dans un bâtiment tout proche de la préfecture, sur la même place. Une voiture s'en approche. En descendent deux hommes en costume, visiblement pressés, qui longent furtivement le bâtiment et s'engouffrent tête baissée à l'intérieur sans jeter un regard à ce qui se passe sur la place.

Ces deux silhouettes ne sont pas inconnues des salariés qui s'attroupent sous les fenêtres du préfet.

Malgré leur volonté de glisser sans bruit à l'intérieur du tribunal, de se fondre dans les murs et de disparaître, quelques yeux les ont bien reconnus.

« Regarde-les ! Regarde, c'est eux !

— Les traîtres !

— Qu'est-ce qu'ils viennent faire ?!

— Dans notre dos ! J'y crois pas. »

Les deux hommes sont les dirigeants de Thomé-Génot en France, le directeur de l'usine et son directeur financier. En catimini, ils ont déposé un dossier au tribunal de commerce et ils viennent pour l'audience.

Interloquée, la troupe s'éloigne de la préfecture pour se diriger vers le tribunal. Elle s'y engouffre. La rage monte. Quelques-uns sortent du bâtiment et rejoignent une petite épicerie à proximité. Et quand enfin, trente minutes plus tard, la porte de la salle d'audience s'entrouvre pour laisser sortir les deux hommes, précédés de leur avocate en robe, ils sont accueillis par une bordée d'insultes. Leur air dégagé disparaît rapidement. Le premier, Joe Kazadi, grand, noir, sorte de Denzel Washington, affiche habituellement un flegme et une élégance quasi britanniques, sa grande canne-parapluie à la main. Le second, Alexandre Ballu, lunettes cerclées sur le nez, cravate bleue sobre un peu de travers, chemise blanche légèrement froissée, s'est d'abord avancé l'air décontracté. Comme si tout était normal.

« Voyous ! Bande de racailles ! » On entend des cris, ça siffle. La foule est disparate mais occupe tout l'espace. Alexandre Ballu tente bien de dire deux mots aux salariés présents. Mais avant qu'il ait pu ouvrir la bouche, un œuf atterrit sur son costume, dans son dos ; le deuxième ne rate pas sa cible : sur les lunettes, en plein visage. Le troisième sur le haut du crâne. Les policiers présents dans le vestibule n'ont d'autre choix que d'escorter les deux hommes jusqu'à leur véhicule.

La nouvelle se répand dans Charleville-Mézières et jusqu'à Nouzonville. Les patrons ont demandé la liquidation pure et simple de Thomé-Génot. La rancœur fige les mines des hommes et des femmes présents. Pour certains, les mots restent bloqués dans la gorge, le sol se dérobe sous les pieds. Ils peinent à comprendre ce qu'il se passe, ce qui leur arrive, ce que cela signifie pour eux, pour leur famille. Quelque chose vient de se casser. Les larmes ne sont pas loin, des larmes de colère et de rage. Une rage qui jaillit et ne pourra plus s'apaiser.

Après la reprise de Thomé-Génot par Catalina à l'automne 2004, c'est-à-dire deux ans plus tôt, l'euphorie avait perduré plusieurs semaines. Tous avaient repris le travail ; François Dury, toujours présent dans la société, se montrait positif. L'entreprise s'était remise en ordre de bataille, afin de poursuivre sa domination du marché des pôles d'alternateur. Les clients, Ford, Valeo, Peugeot comme Visteon, n'avaient pas retiré leur confiance. Pourtant, très vite, les décisions du nouveau gestionnaire se sont révélées pour le moins étonnantes.

En janvier 2005, quelques mois après la reprise, Catherine Zickfeld, l'adjointe du patron américain, met en place une rémunération régulière de la holding. Motif : frais de gestion. Il s'agit de couvrir les dépenses de déplacement des managers entre la France et les États-Unis, les frais d'hébergement et de traduction. Et en la matière, on ne lésine pas sur les moyens : un versement régulier de 78 000 dollars par mois. 753 000 dollars sur l'année 2005 ! Directement virés aux États-Unis.

Parallèlement, le comptable des Ateliers Thomé-Génot doit régler une facture de 46 000 euros pour frais de consulting, également payée à la holding Catalina. Mais surtout, le trésor de guerre de Thomé-Génot, près de 1,5 million d'euros de placements financiers, est transféré aux États-Unis.

En quelques semaines après la reprise, la direction permanente de Thomé-Génot s'étoffe et se dote d'une volée de consultants. De deux, ils passent à quatre, puis à six. Les nouveaux directeurs s'accordent de généreuses rémunérations. Et les consultants coûtent autour de 1 000 euros par jour. Presque le salaire mensuel d'un ouvrier !

Commence alors une série de mouvements de fonds, justifiés par la constitution d'un futur groupe de sous-traitants automobiles que Catalina dit vouloir mettre sur pied. La promesse en avait été faite dans le plan de reprise, accepté par le tribunal. Le cossu immeuble parisien, propriété de l'entreprise Thomé-Génot, est vendu pour un million d'euros. Il en valait trois ou quatre au prix du marché de l'immobilier. La somme part directement dans une holding outre-Atlantique jusqu'ici inconnue, nommée Two Harbors. Quarante maisons de la cité ouvrière à Nouzonville sont revendues pour 700 000 euros.

Finalement, en décembre 2005, l'entreprise décide de prendre des parts dans une société au Mexique. Sous promesse, en retour, qu'un nouvel actionnaire mexicain contribuera ensuite à une augmentation de capital de Thomé-Génot à hauteur de 2 millions d'euros. La promesse restera lettre morte.

Ils sont peu nombreux à voir ou même à suspecter ces agissements occultes. Et chacun ne peut en fait en percevoir qu'une partie. Il y a le comptable qui doit assister, médusé, à ces tours de passe-passe financiers. Il y a aussi François Dury, toujours dans le capital et qui a été embauché au moment de la reprise. Il occupe le poste ronflant de directeur du développement et des relations extérieures, où on ne le laisse pas faire grand-chose finalement. D'ailleurs, il réalise, au fur et à mesure, que l'on prend soin de ne pas l'inviter aux réunions stratégiques, y compris avec les clients ! Son attention est mise en alerte. Malheureusement, patron déchu, François Dury n'a plus vraiment l'oreille de ses ex-salariés. Qui peut encore lui faire confiance ? C'est quand même lui qui les a entraînés dans cette situation. Et il ne peut pas non plus mordre la main salvatrice que Catalina lui a tendue.

Ainsi, ces deux-là ne voient pas tout, ne savent pas tout. Mais suffisamment pour s'en étonner. Et, peu à peu, s'en inquiéter. La méfiance s'installe. Lentement. Très lentement car il est dur de se débarrasser du voile qui s'est posé sur leurs yeux lors de l'arrivée miraculeuse de Catalina. L'envie d'espérer, le souhait de stopper la descente aux enfers était alors si tenace.

Tout ceci passe complètement sous les radars des salariés et des délégués syndicaux. Ces décisions sont prises à l'abri des regards, dans les bureaux feutrés de la direction et depuis l'état-major de Catalina.

Cependant, d'autres événements ne passent pas du tout inaperçus. Trois mois à peine après la reprise, au moment où la pompe à fric en direction des États-Unis a été mise en route, les soixante-dix intérimaires fraîchement embauchés sont licenciés. Première rupture de promesse de l'actionnaire.

Cinq mois plus tard, les primes de productivité sont supprimées et sont injectées dans le salaire. Elles avaient été ardemment négociées par François Duruy et étaient devenues un instrument décisif de la croissance de l'entreprise. En associant les salariés aux gains de productivité, elles avaient permis de créer de la flexibilité dans l'organisation de l'entreprise. En revenant sur cet accord, la nouvelle direction a rompu l'équilibre. Résultat : l'envie n'est plus là, la productivité baisse et la qualité se détériore.

Pendant cette période, le marché continue d'exercer son impitoyable pression. Les Ateliers Thomé-Génot sont pris dans ses mâchoires. D'un côté, le prix de l'acier qui ne cesse de monter ; de l'autre, les clients qui en demandent toujours plus pour moins cher. Et, sous les yeux ébahis de ses cadres commerciaux et logistiques, la direction ne se préoccupe même pas de préserver les marges de l'entreprise, en acceptant sans négocier, sans broncher les prix demandés par les clients. Thomé-Génot vend à perte. Sans doute 30 % en dessous de ses coûts de revient !

Ça craque de tous les côtés et ça commence à se voir. De plus en plus, on se demande comment tout cela tient debout. Mais voir est une chose, prendre conscience en est une autre. Surtout pour celui qui veut croire. Et la direction a tout fait pour maintenir le voile sur les yeux des employés et des cadres de l'entreprise. Même les syndicalistes, membres du comité d'entreprise, se sont laissé bercer par les manières urbaines de la direction. Il est courant que les nouveaux boss déjeunent, ou même dînent avec les représentants des salariés !

Le commissaire aux comptes a beau déclencher une procédure d'alerte, les dettes continuent de se creuser. Plus de 15 millions d'euros, alors qu'elles étaient de 11 millions un an et demi plus tôt. Un niveau d'endettement qui explose les records et les ratios de bonne gestion. En face, les fonds propres ne sont que de 5 millions. En gros, l'entreprise n'est pas solvable. Quand bien même. Le conseil d'administration de décembre 2005, évidemment dominé par les Américains, passe outre. Le commissaire aux comptes tire à nouveau la sonnette d'alarme en 2006.

Les fissures sont telles que les clients s'en rendent compte et finissent par s'inquiéter. Ford notamment. Thomé-Génot étant désormais son fournisseur exclusif de pôles d'alternateur, la situation présente un risque très sérieux. Et si soudain l'entreprise ne pouvait plus suivre ? Dans le courant de l'été 2006, le constructeur américain verse une rallonge de près de 1 million d'euros pour sécuriser l'approvisionnement en acier.

Implacable et ne doutant de rien, la direction aurait fait partir ces sommes, à peine reçues, vers un compte outre-Atlantique.

À la fin de l'été 2006, le problème éclate au grand jour. Depuis quelques semaines les commandes diminuent. Curieusement, il n'y a plus assez de travail. Tout est au ralenti. Les salariés s'occupent comme ils peuvent. On leur fait faire des travaux de peinture, ils jouent aux cartes. Mais comprennent-ils ce qui se passe ?

Il a fallu beaucoup de temps, trop de temps pour que les salariés sonnent l'alerte. Courant 2006, le comité d'entreprise se réveille enfin et commande un audit auprès d'un cabinet d'experts. Les conclusions sont édifiantes et mettent au jour la curieuse décision de transférer aux États-Unis les fonds issus de la vente d'actifs, au lieu de renflouer la trésorerie. L'audit révèle aussi qu'à cette date, près de deux ans après la reprise, sur les 3 millions d'euros promis aucun n'a encore été versé par Catalina. Deuxième rupture de promesse.

Saisis par les représentants du personnel, les juges du tribunal de commerce contraignent l'actionnaire à injecter du cash. Les patrons concèdent le versement de 800 000 euros sur les comptes de l'entreprise. Une proportion ridiculement faible des sommes qui ont été prélevées pendant des mois. Une goutte d'eau au vu de l'état de la trésorerie ! Une broutille à côté des 3 millions d'euros initialement attendus.

Un mois plus tard, les Américains ont disparu ; les actionnaires se sont envolés pour la Californie. Pendant ce temps, les deux représentants de la direction locale se rendent au tribunal de commerce pour demander la liquidation pure et simple.

Le lendemain, *L'Ardennais* titre laconiquement « Nouzonville, c'est fini pour Thomé-Génot ». Quelques jours plus tard, le 25 octobre 2006, le président du tribunal de commerce confirme la liquidation. Trois cents hommes et femmes tombent des nues. Ils se retrouvent sans emploi, sans futur.

6
DESCENTE AUX ENFERS

Paris, 21 novembre 2006

« La parole est à Mme Bérengère Poletti, pour le groupe UMP ! tonne le président de l'Assemblée qui officie lors de la traditionnelle et très médiatique séance de questions au gouvernement.

— Ma question s'adresse à M. le ministre délégué à l'Industrie et, s'agissant du département des Ardennes, j'y associe Jean-Luc Warsmann », déclare la députée tout en ajustant son micro.

Comme toujours, ça circule dans les allées de l'hémicycle et on entend des chuchotements sur les bancs. Les élus de la Nation ne tiennent pas en place, même quand l'heure est grave. Imperturbable, déterminée, la parlementaire déroule son propos.

« Dans ce département, ce sont mille emplois qui ont été perdus en quelques mois et mille autres qui sont aujourd'hui en danger, alors que le taux de chômage, à 13 %, dépasse la moyenne nationale depuis des décennies. Chaque jour, trois habitants quittent notre département. Les Ardennes traversent une nouvelle fois une crise économique majeure. Autrefois, nous avons dû affronter des crises industrielles importantes touchant le textile et la fonderie, crises qui avaient trouvé une réponse dans le développement du secteur de l'équipement automobile. »

Députée de la première circonscription des Ardennes, Bérengère Poletti fait partie du groupe d'élus qui se sont mobilisés sur le plan national depuis que la situation s'est envenimée dans l'affaire Thomé-Génot.

Les Ardennes vivent un nouvel épisode dramatique et se retrouvent au cœur de l'actualité nationale depuis plusieurs semaines. L'épicentre du séisme est à Nouzonville. Bien sûr et malheureusement, ce n'est pas la première fois que ce territoire, comme d'autres en France, connaît la faillite de ses entreprises, la déshérence des ouvriers. Comme toujours dans les Ardennes, c'est la vallée de la Meuse qui est touchée. Encaissé – l'autoroute n'y passe même pas et fait un détour pour l'éviter –, ce pays ne connaît d'autre activité que le travail des métaux. Depuis des siècles, on tape la ferraille dans le coin. Et au XIXe siècle, le fleuve a permis de faire tourner les turbines et de convoyer le coke par bateau.

La crise a été longue et sévère, ces dernières années. Il y a eu Electrolux, ex-Arthur Martin, à Revin, en amont sur la Meuse. Une énorme usine qui comptait près de quatre mille salariés. Après des délocalisations en Europe de l'Est, après l'arrêt de la production des modèles qui n'étaient plus en phase avec les attentes des consommateurs, le site est tombé à mille salariés ! Au même moment, dans la même ville,

Porcher, le fabricant de baignoires en fonte, subissait un sort comparable. Son site des bords de Meuse a vu ses effectifs fondre. De mille deux cents salariés dans les années soixante, l'usine est passée à un peu moins de deux cents !

Des histoires comme celles-là, les Ardennais en ont connu des dizaines. Mais en ce mois de novembre le ciel est encore plus sombre, le département est en émoi, le cœur des Ardennais bat au rythme du drame qui se déroule à Nouzonville. Les Ateliers Thomé-Génot sont définitivement fermés.

Un matin, au tout début du mois de novembre, un étrange vacarme se fait entendre dans les rues de Nouzonville aux abords de la Meuse. Le lendemain de l'annonce de la liquidation des Ateliers Thomé-Génot, de nombreuses voitures garées à cheval sur les trottoirs encombrent la circulation. Des familles, parents et enfants, circulent les bras chargés. Un ballet incessant de personnes qui transportent des objets, parfois usés et laids. On dirait une colonne de fourmis. Elles ne portent pas des feuilles ou des graines mais des chaises de bureau, des tabourets en bois et en métal, des ordinateurs, des lampes, des tables. Aucune brocante, aucun vide-greniers n'est pourtant prévu à Nouzonville ce jour-là. Ces colonnes partent des grilles de l'usine Thomé-Génot et se dirigent en ramifications progressives vers les coffres ouverts des dizaines de voitures stationnées en pagaille. « Au moins, ils ne nous les voleront pas ! »

Ces hommes et ces femmes habituellement sans histoires, consciencieux, si fiers et respectueux de leur héritage, ces « boutiques » dans lesquelles leurs pères, leurs grands-pères, leurs arrière-grands-pères ont trimé toute leur vie, viennent grappiller ce qu'ils peuvent, ce qu'il reste.

Quelques spectateurs assistent ébahis à la scène depuis les fenêtres des maisons alentour. Certains descendent dans la rue, s'approchent, s'insurgent, demandent à leurs amis, leurs voisins, leurs collègues de reprendre leur calme, de cesser cette mise à sac. Les esprits finissent par s'apaiser. Après concertation, quelques dizaines de salariés organisent des gardes de nuit pour préserver le site. En attendant. En attendant quoi ? Que peuvent-ils attendre ? Quel espoir reste-t-il ?

Les salariés, ou plutôt les ex-salariés, orphelins de Thomé-Génot, passent des heures à discuter. Ils s'emportent, s'exaspèrent, vitupèrent tous ceux qui les ont trahis, abandonnés. Les actionnaires américains, le management, mais aussi le tribunal de commerce et le préfet, qui les ont livrés à leurs prédateurs, ou encore les délégués syndicaux qui n'ont pas fait leur boulot. Peu à peu, le calme revient. Ils discutent des options. Oui, il ne faut pas en rester là. « Aide-toi et le ciel t'aidera », comme on dit.

Ils ont opté pour le bras de fer. Leur objectif est de ne pas laisser la page se tourner comme ça, sans bruit, et d'obtenir des indemnités. Leur revendication ? 30 000 euros par salarié sur le carreau !

Le mouvement s'organise. Ils nomment des représentants, se font épauler par les syndicats. CFDT, CGT, FO. 24 heures sur 24, dans le froid, ils se relaient pour assurer une présence permanente sur le site principal de Thomé-Génot. C'est leur seul recours, leur seule arme. Bloquer l'accès au site, faire parler d'eux, faire du bruit. À l'intérieur des grilles, ils ont disposé tout le matériel de bivouac, barbecue improvisé, chaises, bureaux, armoires métalliques en vrac. À l'extérieur, ils ont installé des barrages de pneus auxquels ils ont mis le feu. À l'odeur d'huile qui flotte habituellement dans les rues et les faubourgs de Nouzonville s'ajoute celle du caoutchouc brûlé. Ça empeste, ça dégage de la fumée. Ils ont compris que seuls la résistance par la force, le blocage et la menace permettent de se faire entendre.

Et ça marche, mais pas exactement comme ils l'entendaient. La préfète, fraîchement nommée, ne tarde pas à envoyer sur place une escadrille de CRS et des gendarmes qui patrouillent autour du site, filtrent les entrées et les sorties.

« Ils nous méprisent. On n'est pas des voyous, nous !

— Ouais, c'est pas nous qui avons pris la caisse. »

Alors, le désespoir, la colère, la frustration font monter la pression. Exaspérés, les ouvriers acheminent aux grilles du site des conteneurs de solvants, de produits chimiques utilisés pour la fabrication des pôles d'alternateur. Ils utilisent de grands bacs métalliques pour stocker des pavés, des objets qui pourront être utilisés comme projectiles.

« Ils nous menacent ? Ben, on les attend. Pas de problème, on saura leur répondre.

— On est des métallos, on n'est pas des dactylos, nous ! »

Pendant des jours, une atmosphère quasi insurrectionnelle règne aux abords de l'usine et dans les rues alentour. Même les médias nationaux couvrent les événements. Les badauds, les voisins, les CRS et les gendarmes forment une foule compacte à l'extérieur. À l'intérieur, les ex-Thomé-Génot assurent leurs tours de garde, approvisionnés par les commerçants solidaires, les habitants qui leur livrent de quoi manger, viennent leur déposer des dons pour tenir. Ils reçoivent des visites. Les parlementaires, les représentants du conseil général, le représentant de la préfète. Et leur avocat, Xavier Médeau, qui les conseille, vient s'assurer du calme des échanges et joue le rôle de porte-parole auprès des autorités. Même si l'atmosphère est tendue, le dialogue est maintenu.

Le mercredi 8 novembre, enfin, les délégués syndicaux décrochent une première victoire : ils ont obtenu un rendez-vous avec des représentants des ministères. De retour à l'usine, il est presque minuit, ils trouvent les esprits agités. Les CRS ont en effet resserré le cordon autour de l'usine. Il faut du temps pour faire revenir le calme et convaincre d'attendre les réunions à venir avec le gouvernement. « On saura vendredi quelle est la réponse à notre revendication. Alors d'ici là, on reste responsables et on ne casse rien », conseille l'un des délégués syndicaux.

Aux aurores, la dizaine d'ouvriers restée dans l'usine toute la nuit est brusquement réveillée. Une troupe d'hommes en noir, équipés de boucliers, de masques à gaz, de matraques et de flash-balls, fait irruption sur le site. Pas moins de trois cents CRS et gendarmes sont arrivés silencieusement par la Meuse, à l'arrière de l'usine. En quelques minutes, ils envahissent le site et mettent les présents sous bonne garde.

Muselés, les salariés se sentent à nouveau trahis. Fin de la bataille à Nouzonville.

Le lendemain, 10 novembre 2006, une petite troupe est regroupée sur les trottoirs devant le ministère du Travail, à Paris. Une délégation d'élus des Ardennes participe à une réunion de travail avec le ministre Gérard Larcher. Chemises et dossiers sous les bras, ils sont tous là, formant un front commun, quelle que soit leur couleur politique. Les députés, Bérengère Poletti, Jean-Luc Warsmann et Philippe Vuilque. Pierre Cordier, alors conseiller général du canton de Nouzonville. Il y a aussi Guy Istace, le maire de Nouzonville, ainsi que ceux de plusieurs communes ardennaises qui ont décidé de faire bloc. Claudine Ledoux, maire PS de Charleville-Mézières, en est.

Ils en sortent après avoir passé trois heures enfermés avec le ministre et ses conseillers, c'est dire l'importance que le gouvernement porte au sujet. Les bases d'un accord sont posées. Un dispositif inédit de soutien qui associera l'État, la Région et le département est sur la table. Le gouvernement veut mettre en place le CTP, le contrat de transition professionnelle, pour accompagner la formation et la mobilité des ex-salariés Thomé-Génot et éviter leur inscription sur les listes du chômage.

Sans attendre une minute, Gérard Larcher mandate alors une négociatrice dans les Ardennes. C'est ainsi qu'à la sortie du week-end Denise Bernollin-Blois vient à la rencontre des représentants des salariés, des délégués syndicaux ardennais et de leur avocat, Xavier Médeau. Son rôle ? Faire avancer les discussions de concert avec le conseil général et le conseil régional. L'État propose de financer le maintien du salaire pendant un an et les aides à la formation ou à la création d'entreprise. La Région et le département débloquent chacun 10 000 euros par salarié. Auxquels s'ajoutent 5 000 euros pour ceux qui retrouvent un emploi. Cela représente une enveloppe conséquente, de 59 000 euros par salarié ! Quelques jours plus tard, malgré les réserves de certains employés et les critiques qui paraissent dans la presse, l'accord est ficelé. Les ex-Thomé-Génot ont jusqu'à lundi pour accepter le CTP. Tous sont prêts à le faire quand un nouvel aléa menace de remettre la décision en cause.

« Elle s'est barrée, la nana du ministère !

— Comment ça ? Elle s'est barrée ?!

— Ben ouais, quand elle a su que la Région proposait 10 000 euros sans contrepartie. Elle a plié bagage. »

Les délégués syndicaux n'en reviennent pas que la négociatrice soit repartie à Paris sans dire un mot.

« Et merde ! Quand est-ce qu'on va y arriver ?!

— Attends, on y était presque. Avec 25 000 euros, tu vois tout ce que tu peux te payer ? Une voiture, un frigo.

— Oui, et en même temps, je vais te dire, tu ne vas pas loin. Parce que les 25 000 euros, tu vas les bouffer en moins de deux ! » affirme ce salarié avec son franc-parler ardennais.

Le conseil régional vient malencontreusement de court-circuiter les efforts de Paris pour sortir de la crise par le haut. Sans en parler au ministère, il a annoncé vouloir verser 10 000 euros net aux salariés, sans demander aucune contrepartie. Un chèque de

10 000 euros à chacun des trois cents salariés. Comme ça. Quelle folie !

Dans les heures qui suivent, le ministère explique par voie de presse qu'il s'oppose à ce qu'il appelle un « chèque-valise ». Le coût est très élevé et la mesure hautement inflammable. *In fine*, c'est le contribuable qui paye. Donner de telles sommes sans rien demander en échange, c'est dilapider l'argent public. Comme l'indique le porte-parole du ministère : « Ça crée un précédent. Il y a 200 000 salariés licenciés par an, dont 40 % par liquidation judiciaire. Pourquoi n'auraient-ils pas la même chose ? »

L'après-midi tire à sa fin. Ils sont une centaine d'ouvriers réunis devant la préfecture, en compagnie des délégués syndicaux. Une journée de plus à faire le siège du bâtiment, à empêcher les fonctionnaires de rentrer après leur déjeuner, ils n'en peuvent plus. « On en a marre d'être sur la route, on voudrait que ça s'arrête. On exige que les négociations reprennent ! »

C'est finalement au terme d'une nouvelle réunion, trois jours plus tard, que l'accord est bouclé. Tous les acteurs sont revenus autour de la table et ont pu trouver une sortie à un mois de crise aiguë à Nouzonville.

Décembre 2006. Une solution industrielle est trouvée. Ardennes Forge, candidat écarté en 2004, propose la reprise de l'activité du site. Son patron, Bruno Queval, crée une nouvelle société et embauche des ex-Thomé-Génot. Cette fois-ci, il va pouvoir récupérer l'entreprise, ses brevets, ses machines pour une somme dérisoire. Au début de ce nouveau chapitre, sur les 320 salariés que comptait l'entreprise, seuls 50 retrouvent un emploi. L'hémorragie a été stoppée mais la cicatrice est énorme. Les rues, les maisons de Nouzonville sont hantées par des fantômes, des âmes en peine. Plus rien ne sera comme avant.

Les lumières de la salle des fêtes de la mairie sont éteintes. Le son des marteaux-pilons n'est plus qu'un lointain souvenir. L'odeur de l'acier flotte encore. En ce mois de décembre 2006, il n'existe pas en France de ville plus désolée.

7
UN FONDS VAUTOUR

Paris, 14 janvier 2008

Bravant l'atmosphère fraîche du début de soirée, François Dury sort de son hôtel situé dans le quartier du Gros-Caillou, entre les Invalides et le Champs-de-Mars. C'est là qu'il a ses habitudes quand il vient à Paris. Seul, il marche d'un pas lent. Légèrement courbé, la tête rentrée dans les épaules, on ne sait pas s'il cherche à se protéger de la bise glaciale ou s'il est écrasé par un poids invisible. Le poids du passé, celui des erreurs, des trahisons, des remords. Il ne s'est pas remis de la fin de l'entreprise familiale. Remontant la rue de Grenelle, il se dirige vers le 55, avenue Bosquet, siège du Medef, où il est attendu pour 18 heures.

Ce qui est devenu l'affaire Thomé-Génot a pris une dimension nationale. Elle illustre trois maux qui rongent l'économie. Le combat perdu d'avance des entreprises gauloises face à la mondialisation, la financiarisation de l'économie, qui fragilise les entreprises familiales, et le drame de la désindustrialisation dans les territoires. François Dury se retrouve malgré lui porte-drapeau de ces causes. On lui a demandé de venir participer à la table ronde qui suivra la projection de *Silence dans la vallée,* un documentaire sur Thomé-Génot. Une fois passé le contrôle de sécurité à l'entrée de l'immeuble de bureaux, il rejoint les intervenants dans une salle au premier étage pour effectuer les derniers ajustements. Là, personne ne prête vraiment attention à l'ex-patron de Thomé-Génot.

À 19 heures pile, Laurence Parisot sort de l'ascenseur, suivie de son chef de cabinet et de ses invités. Le pas alerte, dossier sous le bras, elle se fraie un passage jusqu'à l'estrade. Outre François Dury, il y a Marcel Trillat, le réalisateur du documentaire, journaliste connu pour son engagement pro-ouvrier, François de Saint-Gilles, le tout nouveau président du Medef Ardennes, Dominique Senequier, présidente d'AXA Private Equity, et Arnaud Bouyer, spécialiste des fonds d'investissement.

L'auditorium est particulièrement bondé pour un lundi soir. Les huissiers ont dû ouvrir une deuxième salle afin d'accueillir les spectateurs venus en nombre assister à la projection du documentaire et du débat qui va suivre. Le public, majoritairement masculin, comprend un mélange inhabituel de chefs d'entreprise, reconnaissables à leur costume sombre, et d'ouvriers, arborant blouson et jean. Même Claude Bébéar, le patron du groupe AXA, est dans la salle.

Philippe Dougier, en charge de l'action territoriale du Medef, micro à la main, joue les monsieur Loyal.

« Mesdames et messieurs, je vous remercie de votre présence à cette soirée autour de ce film qui a été diffusé il y a peu sur une chaîne nationale et que nous allons revoir dans quelques instants. Pour commencer, je vous demande d'accueillir Mme Laurence Parisot, présidente du Medef, et M. Marcel Trillat, qui est l'auteur du film. »

L'assistance applaudit chaleureusement pendant que les deux protagonistes s'avancent vers le devant de l'estrade. Philippe Dougier se tourne vers la patronne des patrons.

« Alors, *Silence dans la vallée*, ça se passe dans les Ardennes et c'est une histoire tout à fait particulière qui vous a donné l'occasion, madame la présidente, d'écrire un article dans *L'Humanité*. Est-ce que vous l'auriez pensé lorsque vous avez été élue présidente du Medef ?

— Non, j'ai toujours rêvé d'écrire un article dans *L'Humanité* et, comme dit quelqu'un qui est dans la salle, je n'ai pas pris le chemin le plus direct pour y arriver ! lance-t-elle avec un sourire. Votre film, dont j'ai pris connaissance, nous a bouleversés. On y est témoins d'histoires que certains d'entre nous ont vécues et nous nous sommes dit qu'il fallait vous inviter, monsieur Trillat, regarder votre film et en discuter.

— L'idée de départ était de rencontrer les ouvriers et de leur donner la parole. Dans cette vallée des Ardennes où une quarantaine d'usines tournaient à plein régime il y a vingt-cinq ans et où la dernière a été liquidée il y a tout juste un an, il ne reste plus qu'une petite forge d'estampage de vingt-cinq ouvriers. »

Après ces présentations, Philippe Dougier lance la projection, pendant que la salle plonge dans le noir. L'assistance silencieuse assiste au récit en images du drame de Nouzonville. On y voit les visages des protagonistes, ouvriers, cadres, représentants syndicaux. Certains sont présents dans la salle. L'émotion est palpable quand la lumière revient.

Au cours du débat qui suit, les intervenants procèdent à l'autopsie dans les règles du cas Thomé-Génot, pointant du doigt les maux qui ont causé la fin tragique de l'entreprise, mais prenant aussi leurs responsabilités. Et c'est ainsi que deux ans après la fuite des Américains, le constat est édifiant. Thomé-Génot aura été la victime aussi bien de la velléité des actionnaires familiaux que de la cupidité de repreneurs sans scrupules ou des insuffisances des juges du tribunal de commerce et des décideurs publics.

« Vous disiez, monsieur Dury, qu'ils sont arrivés avec des promesses financières qu'ils n'ont jamais tenues. Et le moment venu, l'argent n'était pas là.

— En effet, le plan de continuation qui a été validé en octobre 2004 au tribunal de commerce prévoyait qu'un fonds d'investissement arrive aux côtés de Catalina. Ils indiquaient vouloir monter un groupe de quatre ou cinq entreprises, avec Lightyear Capital comme partenaire financier. Mais pendant l'été précédant la reprise, le fonds n'est pas arrivé. Ce qui fait que quand l'affaire a été évoquée au tribunal de commerce en septembre 2004 le fonds n'était pas là. Ils étaient tout seuls ! »

Le modérateur est sur le point de reprendre la parole quand Laurence Parisot s'exclame en se tournant vers François Dury :

« Ce point est important ! Vous le saviez, vous, que Catalina n'était pas un groupe industriel ?

— Non seulement moi, mais l'administrateur judiciaire… En fait, tout le monde le savait.

— Mais la reprise n'était pas liée à l'arrivée du fonds ?

— Normalement si.

— Alors pourquoi ç'a été acté ? Pourquoi personne n'a fait le lien entre les deux ? s'étonne Laurence Parisot.

— Nous, en tant que famille, on était mis à l'écart et nous étions mal placés pour nous exprimer. Finalement, il n'y a que l'expert du comité d'entreprise qui a posé la question au tribunal : "Mais comment ça se fait que la finance n'est pas là ?" On nous a très vite fait comprendre lors de l'audience qu'il y a des sortes de questions qu'il n'est pas de mise de poser… L'essentiel était qu'une solution se fasse et que socialement on soit tranquilles. »

Au moment où on lui passe la parole, Dominique Senequier, la présidente d'AXA Private Equity, règle la hauteur de son siège, dégaine une pile de dossiers qu'elle pose sur ses genoux et confirme :

« Je vais vous dire ce que j'ai tenté de comprendre du cas Thomé-Génot. Car, dans cette histoire, il y a quelque chose qui ne va pas. En fait, le fonds n'a jamais existé. J'ai fait mon enquête aux États-Unis pendant la semaine. J'ai contacté personnellement le président de Lightyear, Donald B. Marron. Il m'a dit lui-même qu'on lui avait présenté ce dossier en septembre 2004. Or, si j'ai bien noté, c'est dès juin 2004 que Catalina dépose un dossier de continuation soi-disant merveilleux avec Lightyear comme partenaire financier ! »

Elle se tourne alors vers François Dury.

« Monsieur, vous me corrigez si je me trompe. En fait, en juin 2004, quand le dossier a été déposé, Lightyear n'avait même pas reçu la proposition ! Donc de quoi est-il question ici ? Il y avait un juge au tribunal de commerce. Ce juge avait un dossier. Normalement il est censé vérifier ce qu'est Catalina. Visiblement, rien n'a été fait. »

Le silence tombe. La présidente d'AXA Private Equity marque une pause avant de poursuivre la charge.

« Si des vérifications avaient été faites, on se serait rendu compte que Catalina était peu de chose. Mais c'est pis que ça ! Catalina avait été créée trois ou quatre mois avant ! C'est ce qu'on appelle une toute petite boutique de M&A de Los Angeles qui n'a pas d'argent. La question qui se pose est la suivante : comment peut-on attribuer le nombre d'emplois que vous aviez à un repreneur qui a trois mois d'existence et qui n'a pas d'argent ? »

Reprenant son souffle, Dominique Senequier continue de vilipender les acteurs du dossier.

« Lightyear a ouvert et immédiatement refermé le dossier Catalina quinze jours seulement avant la décision du tribunal. Et il l'a refermé car ce n'était pas du tout son domaine d'intervention. C'est ce qui m'a été confirmé par des copies des échanges entre les fondateurs de Catalina et Lightyear. »

Dans le public, Yannick Langrenez, ancien délégué CGT de Thomé-Génot, intervient.

« C'est une situation caricaturale ! Cette disparition du fonds met en exergue le rôle que chacun joue dans la mondialisation. Non seulement les acteurs patronaux et syndicaux traditionnels, auxquels on pense forcément. Mais aussi les tribunaux de commerce et toutes les institutions. Regardez ce qui se passe actuellement avec la reprise par Ardennes Forge. On dit que c'est osé. Mais, en fait, c'est assez osé quand un conseil général offre un million d'euros de machines à un repreneur, quand il lui offre aussi des escomptes et de la main-d'œuvre gratuite ! Quand on voit ce que ce repreneur en a fait ! »

Il fait ici référence à ce qui s'est passé dans le courant de l'année 2007. Après avoir bénéficié de conditions de reprise extraordinaires, Ardennes Forge a terminé le pillage. Les repreneurs ont revendu en Chine les machines financées par le conseil général. « Ce dossier est une caricature de ce qu'on voit habituellement ! »

Ce débat passionné, sur l'estrade comme dans la salle, a permis de mettre en lumière la série de dysfonctionnements qui a précipité la descente de Thomé-Génot aux enfers. Quand le public quitte les lieux, François Dury se sent toujours aussi seul, même si plusieurs chefs d'entreprise lui adressent quelques mots chaleureux. Il se sent seul face à ses remords. Marcel Trillat lui propose d'aller boire une bière mais il décline, il préfère rentrer à son hôtel. Sur le chemin, il se demande ce qu'il restera de l'histoire de Thomé-Génot. Il aimerait vraiment que cela serve de leçon, dans les Ardennes et ailleurs. Que les choses changent pour que cela ne se reproduise pas. Au moment où il accroche le panneau *Ne pas déranger* à la porte de sa chambre d'hôtel, il en doute.

8
LE DRH REFUSE DE LICENCIER

Glaire, 28 janvier 2009

Ce matin, Denis Muszalski s'est levé très tôt. Sa nuit a été courte, il a eu du mal à trouver le sommeil. Une réunion difficile l'attend. Le nouveau responsable des ressources humaines de l'entreprise métallurgique Akers, installée à Glaire, aux portes de Sedan, va devoir livrer bataille avec les représentants de son actionnaire, venus de Suède pour donner le départ à un sévère programme d'économies. S'il cauchemarde, c'est que les consignes ont déjà été passées à distance. La suppression de plusieurs dizaines d'emplois est exigée par le siège. Et sans attendre.

Comme tous les jours, mais avec la boule au ventre, Denis Muszalski gravit l'escalier menant à son bureau, dans le bâtiment administratif, qui se trouve à une centaine de mètres de l'atelier. La production a déjà commencé, le parking est bien rempli. Sur le site, deux cents ouvriers fabriquent des cylindres de laminoir, pièces qui permettent de former les plaques d'acier, destinées à la sidérurgie mondiale. Il les a déjà tous rencontrés. Combien conserveront leur emploi ce soir ?

Comme son collègue Pascal Vanderpoorte, le patron de l'usine, arrivé sur le site encore plus tôt que lui, le DRH ne se résout pas au scénario noir. Ensemble, ils ont donc planché sur plusieurs solutions alternatives dans l'espoir d'éviter le pire. Sedan est une ville marquée au fer rouge par les fermetures d'entreprises depuis les années soixante-dix, ils ne veulent pas être les acteurs d'un nouveau drame industriel. Cela suppose de faire changer d'avis les dirigeants suédois attendus vers midi. Seulement, ces derniers n'ont pas la réputation d'être accommodants. La mission semble impossible. En attendant, Denis Muszalski lit et relit les *slides* qu'il va leur présenter pour les convaincre. Il s'imbibe de café et tente de dominer son stress en grillant cigarette sur cigarette. Le compte à rebours est enclenché.

On ne peut imaginer début plus difficile pour un manager. Il a été mis au courant de la situation économique dégradée de l'usine et des nouvelles exigences des Suédois vers la fin du mois de novembre, alors qu'il n'avait même pas encore pris ses fonctions. Le chiffre d'affaires de l'année 2008 devait être de 40 millions d'euros en septembre, il ne dépassera pas les 24 millions selon les dernières estimations effectuées en décembre. Un effondrement aux conséquences redoutables, surtout pour un DRH.

La fin d'une belle histoire avant même qu'elle n'ait commencé. L'Ardennais avait enfin trouvé, après des années d'éloignement, un vrai job dans sa région, lui, le natif d'un village de la pointe nord du département, à une encablure de la frontière belge. Parti étudier à Reims puis à Paris, ce fils de parents italiens et polonais ne pensait pas pouvoir revenir travailler près des siens. Depuis les années soixante, les usines fermaient, les emplois fuyaient la région. Lorsque son ancien collègue Pascal Vanderpoorte l'a appelé, l'été précédent, pour lui proposer de venir l'épauler, il n'avait donc pas hésité longtemps. Ils s'étaient rencontrés en travaillant ensemble au sein de la filiale d'un grand fabricant de poids lourds français passé sous contrôle allemand. À l'époque, c'était même Denis Muszalski qui avait piloté l'embauche de Pascal Vanderpoorte. Mais ce dernier avait claqué la porte pour rejoindre Akers. Il n'était pas d'accord avec les choix et les méthodes du nouvel actionnaire venu d'outre-Rhin. Avant d'être embauché, Denis Muszalski a passé plusieurs entretiens avec les représentants de l'actionnaire scandinave d'Akers. Quand tous les voyants sont passés au vert, il a à son tour quitté son ancien employeur pour revenir travailler sur ses terres.

Il a pris ses fonctions avec une bonne dose d'angoisse. Licencier sans état d'âme, c'est ce que l'on attend d'un responsable des ressources humaines, Denis Muszalski le sait. Il est trop tard maintenant pour reculer mais jamais il n'aurait imaginé entamer sa mission en actionnant si vite un plan social d'une telle brutalité, éliminant la moitié des deux cents ouvriers du site. Il a donc fait la connaissance de chacun des salariés avec un réel sentiment de mal-être.

Comment le jeune duo de managers pourrait-il prétendre s'opposer aux directives de son actionnaire ? C'est pourtant ce qu'il va tenter de faire. Arrivé le 4 janvier, c'est-à-dire seulement trois semaines plus tôt, Denis Muszalski a convaincu sans difficulté son ami qu'ils devaient étudier des alternatives à ce qui signerait la mort de l'usine, ils en sont tous les deux persuadés. Ils ont passé le week-end et les nuits précédant la réunion fatidique à fignoler leur présentation.

13 heures. La tension monte. Le gardien, installé dans une petite maison à l'entrée du site, vient d'appeler pour annoncer l'arrivée de deux grosses berlines transportant les dirigeants suédois. Elles se garent dans la cour sur les places réservées aux visiteurs. Quelques minutes plus tard, Denis Muszalski et Pascal Vanderpoorte, en costume-cravate, les accueillent dans le hall du bâtiment. Les salutations faites, tous se dirigent vers la salle du conseil. Avant Akers, devenu propriétaire en 1998, de nombreux actionnaires se sont succédé dans ce lieu depuis la création de l'entreprise en 1882, des Aciéries de Longwy, avant la Première Guerre mondiale, à Usinor, en 1967. L'usine, réputée mondialement pour son savoir-faire, a survécu tant bien que mal à tous les changements et à toutes les crises. Toutes ? La réunion qui s'ouvre va en décider. Les Suédois sont venus en nombre autour de leur grand patron, Bengt Nilsson, 47 ans. À commencer par le directeur financier, Anders Ruth, l'homme qui a imposé les mesures d'économie et engagé le DRH qui est chargé de les mettre en œuvre. Avec eux, tout le *board* scandinave a fait le déplacement. Pascal Vanderpoorte les a déjà rencontrés plusieurs fois, le plus souvent dans les Ardennes, les actionnaires nordiques préférant les expéditions sur le terrain. Un représentant du nouvel actionnaire majoritaire d'Akers, un

fonds de pension américain, est également présent. Après un échange amical autour de plateaux de sandwichs, la séance commence par un exposé en anglais de Bengt Nilsson. Il rappelle le contexte dans lequel l'entreprise évolue.

« Messieurs, notre nouvel actionnaire, le fonds d'investissement américain Altor, nous a fixé un objectif très clair : faire d'Akers le leader mondial des cylindres pour laminoir. Nous disposons aujourd'hui de douze sites industriels employant deux mille personnes dans six pays. Notre chiffre d'affaires a atteint 374 millions d'euros en 2008 pour un résultat opérationnel de 38 millions d'euros. C'est bien mais nous devons faire beaucoup plus. Nous allons maintenant nous attaquer aux marchés en forte croissance des pays émergents, notamment en Asie du Sud-Est. Cela suppose d'être très compétitif en matière de qualité et de prix. De ce point de vue, l'usine de Sedan a, selon nous, des efforts considérables à faire. Je vous remercie par avance d'avoir pris conscience de cet enjeu. Notre nouvel actionnaire croit en nous mais attend beaucoup de nous tous. Par conséquent, nous souhaitons des mesures fortes de votre part. Anders, quelle est la situation de votre point de vue ? »

Le directeur financier, l'homme fort de l'entreprise, prend la parole à son tour. Il est clairement là pour jouer le rôle du méchant.

« Nous constatons un effondrement des carnets de commandes de l'usine de Sedan, assène-t-il ; la production de cylindres devait atteindre 900 unités en 2008. Elle a chuté à 360. Le chiffre d'affaires est aujourd'hui trop bas pour supporter les coûts du site.

La perte est énorme. Nous estimons qu'il faudrait réduire immédiatement les effectifs d'au moins cent personnes. Nous préconisons la mise en œuvre d'un plan social, faute de quoi nous serions contraints d'envisager de fermer ce site. »

Bengt Nilsson a écouté son directeur financier tout en observant avec attention les deux managers français. Il reprend la parole.

« Je crois malheureusement que nous n'avons pas d'alternative. Sauf à nous prouver le contraire, bien entendu. Si nous avons mis en place une nouvelle équipe ici, c'est évidemment pour que l'entreprise reparte sur des bases saines. Je vous le répète, nous comptons sur vous. Nous vous apporterons tout le soutien nécessaire pour traverser cette mauvaise passe. »

« Quels connards, ils nous font chier ces Suédois », glisse discrètement Denis Muszalski à Pascal Vanderpoorte pour se donner du courage. Ils ne s'attendaient pas à autre chose. À leur tour de s'expliquer. C'est Pascal, le plus haut gradé, qui se lance.

« Messieurs, d'abord nous vous remercions d'être venus ici, à Sedan, pour nous aider à trouver des solutions à cette crise, commence-t-il ; nous avons été choqués de constater cet effondrement des ventes. L'usine de Sedan a déjà traversé des moments difficiles. Avec Denis, qui vient de nous rejoindre, je pense que nous pouvons inverser le cours des choses même si nous ne sommes pas responsables du travail commercial effectué par les équipes du groupe. Ces dernières semaines, nous avons consacré tout notre temps à la recherche de solutions avec une obsession, celle de conserver suffisamment de compétences humaines, qui sont de très grande qualité à Sedan, pour faire face au retour des commandes. »

Pascal Vanderpoorte ne tourne pas autour du pot. Il veut immédiatement afficher son opposition à des mesures trop radicales.

« Nous croyons à l'avenir de ce site. Nous ne voulons pas l'hypothéquer en lui administrant un remède trop fort ou inadapté. Denis va vous présenter maintenant les scénarios sur lesquels nous avons travaillé. Nous vous en préciserons à chaque fois les avantages et les inconvénients. »

Le patron français a certes marqué des points en ne sous-estimant pas la gravité de la situation mais l'assistance reste de marbre. Aucun sentiment, positif ou négatif, ne se lit sur les visages suédois. Denis Muszalski a juste croisé le regard du DRH du groupe, où il a cru déceler une lueur d'empathie. Entre membres du même corps de métier, on se comprend parfois sans se parler…

Le responsable des ressources humaines se lance à son tour. Un document PowerPoint truffé de tableaux projeté sur un écran détaille les différentes solutions pour sauver le site de Sedan.

Il commence par la première option, celle du plan social privilégié par le siège. Renchérissant sur la déclaration de son collègue, il insiste d'emblée sur ses inconvénients.

« Son coût serait énorme, assure-t-il ; sans parler du risque de conflit social. La main-d'œuvre des Ardennes est de grande qualité mais elle sait aussi se mobiliser. Les récents conflits, comme celui de

Thomé-Génot, une entreprise rachetée par un fonds vautour et acculée à la fermeture, l'ont démontré. Qui dit mouvement social dit arrêt de la production. C'est la spirale infernale qui s'enclenchera. Vous cesserez de nous confier des commandes, l'usine ne s'en remettra pas. »

Denis, l'enfant du pays, ne peut pas dire clairement au *board* d'Akers qu'il n'imagine pas une seule seconde fermer l'une des plus belles usines des Ardennes. Ce serait pour lui un grave échec personnel. Alors, il poursuit son argumentaire.

« Si nous misons sur un redressement rapide, nous devons éviter de nous séparer de talents ouvriers que nous ne retrouverons pas quand l'activité repartira. C'est pourquoi nous avons travaillé sur d'autres hypothèses. Le droit social français est certes un peu lourd et tatillon mais il met à notre disposition un arsenal de solutions pour réduire les coûts. J'insiste sur le fait que les autorités politiques locales et nationales nous aideront si nous limitons la casse sociale. »

Faire des économies, Denis Muszalski et Pascal Vanderpoorte n'y sont évidemment pas opposés. Mais ils voudraient éviter que la main-d'œuvre constitue la seule variable d'ajustement.

« Nous allons agir parallèlement sur deux sources de pertes importantes : le taux d'absentéisme est beaucoup trop élevé dans l'usine, si nous le ramenons à 2 %, nous pouvons économiser 360 000 euros par an ! De même, nous devons améliorer la qualité de la production et réduire le taux de rebut qui est de 9 %. C'est beaucoup trop ! Mais pour y parvenir, nous avons besoin de la paix sociale. »

Denis Muszalski poursuit sa présentation, point par point. Il est interrompu de temps en temps par des questions auxquelles il répond avec l'aide de Pascal Vanderpoorte. Cela fait trente minutes qu'il parle. Ils ont bien scénarisé la présentation. Le moment de révéler le plan que les deux hommes privilégient est arrivé.

« La solution la plus efficace agirait sur deux fronts : d'abord proposer des départs choisis pour les salariés de plus de 57 ans ; ensuite mettre en place un dispositif massif de chômage partiel. »

L'idée est maligne. Indemnisés par les organismes sociaux, les salariés resteraient de fait à disposition en attendant le retour à une activité plus soutenue.

« Ce sera douloureux mais nous pensons que les syndicats nous suivront sur ce plan qui donne au site une chance de redémarrer. Les ouvriers qui partiront disposeront d'un bel accompagnement financier. Et il sera possible de compenser, pour ceux qui restent, le manque à gagner des heures non travaillées.

— Mais combien coûteront ces mesures ? Est-ce que les économies réalisées seront suffisantes pour remettre l'usine à flot ? »

Visiblement, le directeur financier semble sceptique. Il pressent que ce plan n'apportera pas immédiatement les économies attendues et que, pis, il coûtera de l'argent.

« Attention, Anders, ne soyons pas trop négatifs, interrompt le président d'Akers. Le système français d'accompagnement social semble très riche en possibilités. Messieurs, combien coûterait cette solution ? »

Pascal prend le relais de Denis en projetant un nouveau document qui répond à cette question cruciale.

« Pour financer ce plan, nous aurons évidemment besoin d'argent. Nous avons chiffré notre besoin en cash à 600 000 euros. Mais si tout se passe bien, et vite, nous pouvons atteindre l'équilibre financier dès cette année.

— Je me suis discrètement rapproché des autorités françaises, le préfet Jean-François Savy et la direction départementale du travail, rebondit Denis Muszalski. Je peux vous affirmer qu'ils nous aideront si nous privilégions ensemble cette option. En France, certains plans de redressement sont tombés à l'eau parce que les aides promises n'ont pas été versées à temps. Cela peut entraîner des réactions très négatives des syndicats. Nous avons obtenu l'assurance que ce ne sera pas le cas. Maintenant, la décision vous appartient. »

La bonne nouvelle c'est que les dirigeants scandinaves semblent donner une chance à cette option. Ils ne l'écartent pas d'emblée. La réunion se prolonge jusqu'à 18 heures. Les questions des Suédois fusent les unes après les autres. Une rafale ininterrompue qui porte surtout sur les chiffres. Les deux managers sont clairement sur le gril. Mais ils répondent du tac au tac. Ils tiennent le choc. Et ils démontrent ainsi le sérieux de leur approche.

La nuit est tombée, dehors le temps est sec, la température approche zéro comme souvent au mois de janvier dans les Ardennes.

« Merci pour cette réunion très constructive, vous avez bien travaillé, conclut enfin le président d'Akers.

Nous vous avons écoutés, mais je n'ai pas encore pris ma décision. Un plan social, le chômage partiel, un mix des deux, il faut voir, et ne pas se tromper. Nos actionnaires attendent des décisions fortes et courageuses. Nous allons réfléchir rapidement à ces différentes solutions. Je vous propose de nous revoir demain matin. En attendant, allons dîner tous ensemble. J'ai réservé une table au restaurant gastronomique du château fort de Sedan. »

Épuisés par cette réunion intense, Pascal Vanderpoorte et Denis Muszalski restent perplexes et inquiets. La solution du plan social, celle qu'ils redoutent par-dessus tout, n'est donc pas écartée. Auraient-ils échoué à convaincre les Suédois ? C'est ce qu'ils pensent en prenant chacun le volant de leur voiture. Dans ces circonstances, ce dîner ne sera pas une partie de plaisir et le cadre médiéval n'y pourra pas grand-chose.

En quelques minutes, ils rejoignent le château fort qui surplombe le centre-ville de Sedan. Un pont-levis permet d'accéder à une vaste cour où sont stationnés les véhicules des clients de l'hôtel. Une fois à l'intérieur, un ascenseur permet d'atteindre le troisième étage, où une galerie percée dans un mur conduit à la salle du restaurant aménagée dans l'ancienne chambre du roi. Au menu des convives : une cuisine élaborée à partir de produits locaux. On parle de tout et de rien. Denis Muszalski et Pascal Vanderpoorte ont vraiment la tête ailleurs mais, soucieux de donner une image positive, ils n'affichent rien de leur inquiétude, multipliant les échanges sur des sujets plus privés avec leurs visiteurs. Heureusement pour eux, le dîner ne s'éternise pas. Vers 21 h 15, après le service des cafés, Bengt Nilsson, le patron d'Akers, se lève enfin et donne congé à tout le monde. Rendez-vous est pris pour le lendemain matin à 9 heures à l'usine.

Les deux patrons français de l'usine Akers se dirigent vers leurs voitures. Le froid est pénétrant mais l'alcool consommé à table leur tient chaud.

« Qu'est-ce que tu en penses ? Que vont-ils décider ? Je n'ai pas cessé de tenter de lire dans leurs pensées, mais pas moyen de me faire une opinion. »

De nature inquiète, Denis Muszalski s'interroge à haute voix.

« Ces Suédois sont insondables, impossible de faire un pronostic, lui répond son collègue. On verra demain ce qu'ils mijotent. Bonne nuit, Denis.

— Bonne nuit, Pascal, fais attention au verglas sur la route ! »

Dans les chambres réservées par les visiteurs, le téléphone sonne. Il est 21 h 30, pas encore l'heure de décompresser pour la petite équipe venue de Suède. Le président bat le rappel de ses troupes. « Prenons un dernier verre au bar », décrète-t-il. Autour d'une bière, les langues se délient maintenant que les deux managers français sont rentrés chez eux. Bengt Nilsson laisse ses collaborateurs débattre. « OK, je pense que nous devons encore vérifier les calculs que l'on nous a montrés. Anders, as-tu le temps de regarder ça ce soir avant de dormir ? Décision demain au petit déjeuner. Pas question de repartir sans avoir mis l'usine de Sedan sur une nouvelle trajectoire. Bonne nuit, messieurs ! »

Il est 23 heures. Les lumières des chambres de l'hôtel du Château Fort s'éteignent l'une après l'autre. Sauf une : dans sa chambre, le directeur financier multiplie les simulations sur son ordinateur jusque tard dans la nuit…

9 heures du matin, le 29 janvier. Des gelées blanches ont recouvert la ville de Sedan. Denis et Pascal sont arrivés très tôt ce matin à l'usine, où la première équipe est en place dès 7 heures. Ils ont croisé un délégué syndical avant d'entrer dans leurs bureaux.

« Alors, qu'allez-vous nous annoncer ? Que veulent les Suédois ? Fermer ? Dans les ateliers, les gars sont très inquiets. Vous connaissez la situation du marché de l'emploi à Sedan et dans la vallée de la Meuse. Nous comptons sur vous pour limiter la casse. Personne n'a démérité ici. On travaille dur. »

Denis Muszalski lui fait part de sa compréhension mais ne peut rien dire sur le fond. À cet instant, il n'est pas mieux informé que le syndicaliste qui l'interpelle.

« Dès que nous aurons tous les éléments en main, nous vous ferons part de nos décisions dans le cadre des instances représentatives. »

Une réponse politique destinée à gagner encore un peu de temps…

La délégation scandinave ne tarde pas. Dans la salle du conseil, un café attend les visiteurs. Après des échanges polis et rapides sur la qualité et le confort de l'hôtel du Château Fort, chacun reprend sa place autour de la table. Pour Denis Muszalski et Pascal Vanderpoorte, c'est l'heure du verdict. Leur nuit a encore été agitée, leurs visages trahissent la fatigue. Avant de connaître la décision, leur rythme cardiaque s'accélère. Quand les Suédois auront quitté les lieux, ils seront seuls face à leurs équipes. Avec, dans tous les cas de figure, des décisions douloureuses à annoncer. Ils y pensent déjà. Un dirigeant est payé pour se projeter vers le coup d'après. Mais ce coup-là ne s'annonce pas facile à jouer.

Détendu mais grave, Bengt Nilsson prend la parole.

« Bien, messieurs, nous avons bien travaillé hier. Merci Anders d'avoir pris du temps sur ton sommeil pour nous apporter toutes les aides nécessaires à une décision claire. Tes calculs ont été très précieux. »

« Pascal, Denis, nous avons compris que nous pouvons compter sur votre engagement, votre motivation. C'est très important pour nous. Demain nous ne serons plus là, vous devrez donc assumer seuls les décisions que nous allons prendre ensemble. Malheureusement, nous devons faire des choix. La situation économique de l'usine l'impose. Elle est trop dégradée pour pratiquer des prix compétitifs. Cela ne peut plus durer. »

Les deux hommes craignent le pire. Ce début de discours les stresse au plus haut point. Ils n'osent pas se regarder. Ils sont blêmes.

Le président reprend son exposé. Il est interminable. Un supplice.

« Confirmez-vous ce matin que la solution du chômage partiel est réaliste ? Les syndicats joueront-ils le jeu ? On ne peut pas se permettre un échec social débouchant sur un nouveau dérapage économique.

— Oui ! c'est la meilleure solution, la seule ! » s'exclame Denis Muszalski. Un cri du cœur. Il sait qu'ils ont mis leur tête sur le billot en proposant une alternative au plan social, que les risques d'échec sont grands. Mais il est trop tard pour changer d'avis. Et ils croient en cette solution.

Le suspense devient insoutenable. Le silence s'empare quelques instants du lieu. Le président boit une gorgée de café.

« Bien, je ne vais pas vous faire attendre plus longtemps. Nous avons bien réfléchi encore ce matin au petit déjeuner. Vous allez être contents, nous avons décidé de donner une chance au scénario que vous avez défendu. On ne se connaît pas bien, poursuit-il en fixant maintenant Denis Muszalski, mais on a l'impression que vous pourrez mener ce plan à son terme. La balle est aussi dans notre camp. Nous allons devoir relancer la politique commerciale sur le marché mondial. Sans une relance des ventes avec des prix plus bas, rien ne pourra durablement fonctionner. Comme je l'ai dit hier, vous pouvez compter sur notre entière collaboration pour mener ce plan à bien. »

Soulagé, ému, Denis Muszalski est au bord des larmes. Ils ont gagné.

« Nous ferons tout pour être à la hauteur et pour ne pas vous décevoir ! » lance-t-il au président suédois. C'est le bonheur. Il croise les regards de Pascal Vanderpoorte, qui retient encore sa joie, et du DRH suédois, qui lui répond par un clin d'œil. A-t-il milité pour le plan français ? C'est du moins ce qu'il veut laisser penser.

« Merci pour ces quelques heures en votre compagnie, conclut Bengt Nilsson. Nous devons maintenant prendre la route. À bientôt, messieurs. Nous nous reverrons avant l'été pour suivre l'exécution du plan. Bonne chance ! »

Dernières poignées de main sur les marches à l'entrée du bâtiment, les portières claquent, les deux berlines quittent Sedan à 10 h 30. Denis Muszalski et Pascal Vanderpoorte soufflent en allumant une cigarette. Et ils explosent de joie, se congratulent. Ils viennent de remporter une première victoire sur leur actionnaire. Ils savent que le plus dur s'annonce : ils ont rendez-vous avec les délégués syndicaux pour présenter un plan qui prévoit une vingtaine de départs volontaires et le chômage partiel pour tous, y compris les cadres. Mais ils sont heureux pour l'instant.

9
INTIMIDATION AU PALAIS BOURBON

Paris, septembre 2012

Ils n'arrivent pas groupés. Les Suédois d'un côté, les Ardennais de l'autre. Il est 18 heures au palais Bourbon. Ces deux délégations ont rendez-vous avec le député Jean-Luc Warsmann. L'élu centriste de la circonscription de Sedan, qui a été président de la commission des lois à l'Assemblée nationale jusqu'en juin 2012, les attend dans l'une des plus belles salles de l'institution républicaine. Le lieu est prestigieux mais les Scandinaves se seraient bien passés de cette visite. Impossible de se dérober. Les représentants du *board* du groupe Akers sont convoqués à Paris parce qu'ils ont annoncé leur intention de fermer leur usine sedanaise. On ne parle plus de plan social mais de liquidation pure et simple. Deux cents emplois sont en jeu. Les politiques locaux, Warsmann en tête, se sont emparés du sujet pour tenter d'éviter un nouveau drame social dans les Ardennes. Ils ont alerté les autorités nationales. Mais sans succès pour l'instant. C'est donc la réunion de la dernière chance.

Face à l'urgence, le député a pensé que le cadre solennel des dorures de la République serait de nature à impressionner les Suédois. Pour donner du poids à cette rencontre, Géraud Spire, le président de la chambre de commerce des Ardennes, a été appelé en renfort. Les deux hommes ont bien préparé leur coup, théoriquement ils n'ont pas les moyens d'empêcher cette fermeture mais ils ont une petite idée derrière la tête. Warsmann, un homme d'ordinaire rond et affable, sait hausser le ton et Spire, chef d'entreprise au physique et à l'élocution très militaires, dispose d'une autorité naturelle reconnue de tous.

Les deux principaux concernés, Pascal Vanderpoorte et Denis Muszalski, les dirigeants d'Akers en France, sont aussi présents. Mais ils sont dans leurs petits souliers. D'un côté, ils approuvent la démarche du député et espèrent son succès ; de l'autre, ils doivent se plier aux exigences de leur actionnaire. En bons soldats, depuis plusieurs semaines, ils travaillent comme si de rien n'était au projet de fermeture définitive du site. C'est Tom Adams, le vice-président d'Akers, qui a fait le déplacement à Paris, accompagné de deux managers de l'entreprise dont le directeur financier, Andreas Lindahl.

Des appariteurs ont guidé les invités dans le dédale du palais Bourbon. Les voilà tous rassemblés dans une salle d'une hauteur sous plafond spectaculaire.

Jean-Luc Warsmann s'apprête à ouvrir le feu. Géraud Spire est assis à ses côtés. Il sait qu'il peut compter sur la complicité discrète des managers français de l'usine menacée. Le match Ardennes-Suède va commencer.

« Messieurs, je vous remercie d'avoir accepté cette invitation à Paris, commence le député en fixant ses interlocuteurs nordiques. Le site industriel d'Akers appartient au patrimoine économique de Sedan et du département. Il n'est pas question qu'il soit fermé. C'est pour cette raison que je suis heureux de pouvoir échanger avec vous ce soir. Nous devons trouver sereinement des solutions ensemble. »

En théorie, les chances de changer le cours des choses sont minces. Mais Jean-Luc Warsmann est un combattant. Il sait qu'il faut souvent ferrailler jusqu'au bout de la nuit pour sauver des emplois menacés. Ce n'est pas son premier combat social pour les Ardennes. Plus jeune député de l'Assemblée nationale dans les années quatre-vingt-dix, ce fils d'un boucher de Douzy aujourd'hui âgé de 46 ans s'est fixé comme objectif de défendre les derniers pans d'une industrie ardennaise en grand danger. Cela ne marche pas à tous les coups, loin de là. Mais il ne craint pas d'agir dans les cas désespérés. Ce dossier en a tous les atours.

L'entreprise de Glaire s'est remise d'une première crise en 2009 grâce au plan de chômage partiel soutenu par l'État que Denis Muszalski et Pascal Vanderpoorte avaient vendu dans la douleur à leur actionnaire pour éviter un plan social massif. Les faits leur ont donné raison. Les syndicats ont joué le jeu, l'usine est repartie sur des bases plus productives. Le chiffre d'affaires est remonté et l'équilibre financier est revenu très rapidement. L'année 2009 a dégagé un résultat positif de 500 000 euros. Un redressement spectaculaire qui a fait des deux dirigeants des stars dans le groupe suédois. Mais ils ont déchanté très vite. En difficulté sur tous ses marchés, le groupe Akers a été repris en main par ses actionnaires. Une nouvelle équipe a été nommée pour redresser le groupe. Dès 2010, Akers a commencé à commander des cylindres de qualité moyenne et à bas prix à l'usine sedanaise. En se tournant vers le low cost, l'entreprise jusque-là spécialisée dans les produits à forte valeur ajoutée fabriquait désormais à perte. L'excédent d'exploitation a fondu rapidement pour se transformer en déficit dès 2011. Et l'année 2012 a tourné au cauchemar : un résultat négatif de 2,7 millions d'euros était attendu pour un chiffre d'affaires de seulement 15 millions. Une descente aux enfers. L'actionnaire a donc décidé d'arrêter les frais. Paradoxalement, il avait confiance dans son tandem de managers. Jusqu'à nommer Denis Muszalski DRH Europe du groupe en mai 2012. Dès le printemps 2012, le *board* leur a fait part de ses intentions pour le site de Sedan. La mort dans l'âme, s'estimant victimes des mauvais choix stratégiques d'Akers, les deux hommes ont commencé à travailler sur le projet.

En France, on ne ferme pas une usine aussi facilement que ça. Les hommes politiques ont été très rapidement alertés, à commencer par Jean-Paul Bachy, l'ancien maire socialiste de Sedan devenu président de la Région Champagne-Ardenne. Celui-ci a remué ciel et terre. Il a écrit à l'ambassadeur de France en Suède qui a convoqué un vendredi soir le président d'Akers pour lui demander des explications. En vain.

L'entreprise scandinave a commencé à renforcer son usine en Suède pour ne pas perdre de clients et mandaté Altedia, un grand cabinet de conseil parisien spécialisé dans les plans sociaux, pour accompagner l'ensemble de l'opération. Des professionnels aguerris capables d'anticiper tous les scénarios, de surmonter les embûches réglementaires et de résister à toutes les pressions. Le matin même de ce rendez-vous sous les ors de la République, Denis Muszalski, Pascal Vanderpoorte et les trois dirigeants de l'équipe suédoise ont passé plusieurs heures en compagnie de ces spécialistes pour avancer sur le coût du dispositif. Malin, Muszalski a profité d'une pause cigarette pour appeler le député Warsmann et lui donner le montant du plan calculé par les experts d'Altedia : 17 millions d'euros.

Le soir même, dans la vaste salle du palais Bourbon, Jean-Luc Warsmann détient donc une information capitale dont il va pouvoir se servir le moment venu. En attendant, il déroule son raisonnement en français. Une interprète assure la traduction en anglais. On en est encore aux propos aimables.

« Je suis prêt à vous aider pour éviter la fermeture de cette usine. Nous n'acceptons pas qu'elle disparaisse. Si votre décision devait être irrévocable, laissez-nous travailler sur des solutions de reprise. Monsieur Spire a d'ailleurs des propositions à vous faire sur ce point. »

Le président de la chambre de commerce des Ardennes est grossiste en matériaux à Charleville-Mézières. Lui aussi est de toutes les batailles pour son département. Un coup, il agit pour augmenter la fréquence des liaisons TGV, un autre pour donner un coup de pouce à une PME aux abois.

« Tout à fait, je partage l'opinion de M. Warsmann. Les acteurs politiques et économiques de la région sont unis et déterminés à éviter la fermeture. Depuis que nous avons appris votre décision, que nous comprenons et respectons bien sûr, nous réfléchissons à des alternatives. Ce que nous vous proposons dans l'immédiat, c'est de missionner une société de conseil pour identifier des solutions de reprise.

— Et, bien entendu, ce sera à nos frais ! s'exclame Jean-Luc Warsmann. Accordez-nous du temps pour sauver cette belle entreprise. »

Les représentants du *board* d'Akers ont écouté attentivement les deux Ardennais.

C'est le plus gradé, Tom Adams, qui leur répond.

« Si nous avons pris la décision de fermer l'usine de Glaire, c'est parce que le marché mondial nous l'impose, explique-t-il. La concurrence est forte, il y a des surcapacités de production de cylindres à l'échelle mondiale, les prix sont durement tirés vers le bas. Nous n'avons donc pas d'autre option que la fermeture. Nous sommes désolés mais nous ne pouvons pas renoncer à ce projet. Ce serait d'ailleurs dangereux pour la santé d'Akers. »

Un court instant, le silence s'installe.

Mais Warsmann est habitué aux joutes musclées de l'Assemblée nationale. Perdu pour perdu, il passe directement au plan B : la menace.

« Je suis vraiment étonné de cette fin de non-recevoir. Vous ne pouvez pas ainsi balayer d'un revers de la main nos solutions constructives. Le sort de plus de deux cents familles sedanaises est en jeu. Il sera quasiment impossible de retrouver un emploi pour la plupart des salariés licenciés. Visiblement ce n'est pas votre problème, mais c'est le nôtre. »

Son ton devient nettement plus brutal.

« Vous savez, en France, on aime faciliter la vie aux entreprises. Mais on sait aussi la leur compliquer. Il existe tout un arsenal de textes et de règlements qu'il faut respecter à la lettre. Et nous, élus de la République, nous avons le pouvoir de la faire respecter. Prenez votre terrain à Sedan. Êtes-vous certains qu'il a été totalement dépollué ? Je me suis laissé dire que non. Vous ne pourrez pas abandonner les lieux sans l'assainir complètement. Les sous-sols de ce site industriel centenaire devront être totalement nettoyés des résidus chimiques et métalliques qui s'y trouvent. Attendez-vous à des contrôles très poussés des organismes compétents dans les jours qui viennent. Je ne sais pas combien va coûter cette fermeture mais à mon avis beaucoup plus cher que ce que vous avez prévu pour l'instant. Vous fermerez peut-être le site mais nous allons vous en faire baver ! »

La réunion se termine. Les visages des dirigeants d'Akers sont fermés.

Un léger doute aurait-il envahi leurs esprits ? Jean-Luc Warsmann ne leur donne pas le temps de souffler.

« Je vous laisse réfléchir et consulter vos actionnaires, poursuit-il. Moi, je vais déclencher dès demain les démarches administratives que je vous ai annoncées. En attendant, je ne voudrais pas que vous quittiez ces lieux sur une note trop négative. Je vous emmène visiter rapidement ce palais somptueux où s'écrit l'histoire de la République française. Et l'hôtel de Lassay où réside le président de l'Assemblée nationale. Vous allez voir, c'est un bâtiment historique extraordinaire. Nous pourrions y passer des heures. »

Une trentaine de minutes plus tard, à la nuit tombée, les invités du député quittent le palais Bourbon. Denis Muszalski et Pascal Vanderpoorte repartent en voiture vers Sedan. À cet instant, ils pensent encore que c'est fichu, que l'usine Akers va fermer.

Un mois plus tard, les actionnaires du groupe retoquent le projet. À la suite de contrôles environnementaux lancés par la DRIRE, la redoutée direction régionale de l'industrie, de la recherche et de l'environnement, son coût a bondi à 30 millions d'euros. 13 millions d'euros de plus que prévu. La fermeture de l'usine est devenue trop chère. Jean-Luc Warsmann a gagné son bras de fer. De leur côté, Denis Muszalski et Pascal Vanderpoorte ont sauvé leur peau. Mais ce n'est que partie remise.

10

LA REVANCHE DES MANAGERS

Glaire, 8 octobre 2013

9 heures. La tension qui règne ce mardi dans les locaux administratifs de l'usine d'Akers a un air de déjà-vu. Pascal Vanderpoorte et Denis Muszalski attendent les cinq membres du comité de direction de leur actionnaire. Cette réunion n'était pas prévue mais elle s'annonce cruciale pour l'avenir de l'usine, qui fait encore travailler une centaine d'ouvriers.

Les Scandinaves ont décidé de venir en urgence à Sedan pour tenter de reprendre la situation en main. Le vendredi 4 octobre, les deux dirigeants français ont décidé de leur pourrir le week-end en leur envoyant un mail annonçant leur décision de démissionner immédiatement. Bientôt, le site d'Akers France n'aura donc plus de chef. C'est le pire scénario possible pour les Suédois, qui veulent se désengager progressivement et discrètement de leur filiale. Un an plus tôt ils ont déjà tenté de fermer l'usine avant de battre en retraite.

Après cet échec, ils ont adopté une nouvelle stratégie, redoutable car indécelable dans un premier temps. Ils ont d'abord accordé une belle promotion aux deux managers français. Puis, ils leur ont proposé de mettre en œuvre un plan de fourniture de quatre ans pour le compte du groupe. Il s'agit d'orienter assez rapidement le site ardennais vers de nouveaux crénaux, au prétexte que le marché mondial du cylindre est de plus en plus compétitif et concentré. Au passage, ils veulent créer une structure intermédiaire entre la maison mère et sa filiale. Concrètement, les personnes morales juridiques ne seront plus des Suédois mais les deux dirigeants français. En cas de problème, ce seront donc eux les responsables… À nouveau, Vanderpoorte et Muszalski ont joué le jeu. Ils ont préparé la mise en œuvre du plan. Mais au fil des semaines, tout au long de l'été 2013, ils ont commencé à se poser des questions. Pas d'argent pour investir dans de nouvelles machines, les commandes de cylindres passées par Akers ramenées quasiment à zéro au terme des quatre années… Ils ont fini par comprendre qu'ils allaient être les dindons de la farce.

À la veille de la signature du contrat officialisant la nouvelle organisation, ils ont donc pris le risque de déclencher encore une fois une épreuve de force avec leur actionnaire. Depuis quelques jours, ils ont une petite idée derrière la tête.

9 h 15. Dans la salle du conseil, les cinq Suédois se sont assis du même côté de la grande table autour de leur leader, le directeur général Claes Ahrengart. Face à eux, les deux Français ne se sentent pas en position de force. C'est la troisième fois en cinq ans qu'ils doivent résister aux injonctions du groupe Akers. Leur

nouveau coup de poker va-t-il réussir ? Rien n'est moins sûr. Leur stress est au plus haut.

Claes Ahrengart ouvre les débats en allant droit au but. Il prend dans ses mains l'épais dossier qu'il a posé devant lui et fait comme si le mail de démission envoyé avant le week-end n'existait pas.

« Messieurs, voilà le contrat de fourniture ! proclame-t-il. Ce soir, il sera signé. » Sous-entendu : on ne discute pas, obtempérez !

Pascal Vanderpoorte est de tempérament consensuel. Il réfléchit avant de répondre. Mais son ami Denis Muszalski lui brûle la politesse. Plus sanguin, il sort de ses gonds, se lève brutalement et crie : « Non, ce contrat ne sera pas signé ce soir ! »

Les Suédois sont stupéfaits par cette résistance. Ils pensaient pouvoir ramener leurs salariés français dans le droit chemin. Entre les deux parties, c'est l'impasse. Denis Muszalski ne leur donne pas le temps de se poser des questions. Il enchaîne.

« Messieurs, nous avons réfléchi, nous voulons faire un LBO et vous racheter l'entreprise. »

La délégation suédoise ne cache pas sa surprise. C'est une nouvelle fois le directeur général qui répond.

« Un LBO ? Mais qu'entendez-vous par là ? Avez-vous les fonds pour y parvenir ? Quel est votre plan exactement ?

— Nous voulons racheter le site avec un contrat de fourniture pour Akers », se contente de répondre Pascal Vanderpoorte. Un peu court pour convaincre leurs interlocuteurs du sérieux de la démarche. La vérité, c'est qu'ils ont eu cette idée quelques jours avant et qu'ils ne sont pas totalement prêts. Ils n'ont pas de soutien financier. Seul un fiscaliste les a aidés à préciser le dispositif.

« OK, je suggère une interruption de séance pour que vous puissiez formaliser votre offre. Revoyons-nous dans trente minutes. »

Les deux Français peuvent souffler. Ils savent que cette pause ne sera pas suffisante pour détailler vraiment leur projet. Mais ils espèrent que les Suédois vont en profiter pour réfléchir à cette initiative.

Bingo. La réunion reprend mais sur un autre ton. Après quelques échanges sur le scénario du LBO, Claes Ahrengart décide de couper court. « Nous sommes favorables à cette idée, conclut-il. Je propose que nous y travaillions concrètement. On se revoit très vite. »

Les Suédois quittent les lieux avant l'heure du déjeuner. Les deux dirigeants salariés vont devenir des entrepreneurs actionnaires. Ils sont conscients des enjeux mais heureux. Et ils semblent en passe de sauver l'usine Akers une troisième fois !

Les semaines qui suivent permettent aux protagonistes d'accoucher d'un plan de reprise. Akers cède son site ardennais et échappe ainsi définitivement au coûteux scénario de la fermeture. Aux termes de l'accord, le groupe suédois s'engage à verser 11 millions d'euros en cash à la nouvelle entreprise et à lui garantir quatre ans de commandes de cylindres en échange d'une exclusivité sur ses produits. De leur côté, Muszalski et Vanderpoorte font la tournée des élus et des administrations concernés. Ils parviennent ainsi à bénéficier d'un maximum d'aides, à commencer par de substantiels allègements de charges. Bien que l'usine ne soit pas intégralement située dans la zone géographique concernée, ils obtiennent qu'elle puisse bénéficier des exonérations prévues pendant cinq ans pour les BER (bassin d'emploi à redynamiser). Le 30 décembre 2013, ils ont rendez-vous pour signer l'accord définitif avec Claes Ahrengart au cabinet d'avocats parisien Bird & Bird. L'entreprise est rebaptisée AFS (Advanced Foundry Services) et démarre sa nouvelle vie avec cent vingt salariés. Si tout se passe bien, elle espère dégager un bénéfice de 200 000 euros dès sa première année d'existence.

Mais la santé de la jeune entreprise se dégrade assez vite. Dès 2016, le groupe suédois ne respecte plus ses engagements. Et il s'agace d'apprendre par d'autres acteurs du marché qu'AFS prospecte directement des clients internationaux. En clair, les deux parties s'accusent mutuellement de donner des coups de canif au contrat qui les a unies pour quatre ans.

De fait, pour limiter la dépendance économique d'AFS vis-à-vis de son ancien actionnaire, Denis Muszalski a décidé de parcourir le monde à la recherche de clients. Et ça marche : l'entreprise engrange des commandes. Mais, du coup, elle souffre d'un besoin de financements croissant. En attendant que les clients règlent leur facture, il faut faire tourner l'outil de production. Denis Muszalski et Pascal Vanderpoorte ont des problèmes de fin de mois. Ils retardent au maximum le paiement de leurs fournisseurs. Plusieurs fois, Denis Muszalski doit hypothéquer sa propre maison pour convaincre les banquiers de leur prêter de l'argent. Dans la région, cela commence à se savoir.

S'ils ne trouvent pas rapidement un partenaire, ils se dirigent tout droit vers un dépôt de bilan.

Le salut va venir d'un de leurs plus gros clients. Lors d'une réunion avec les équipes d'acheteurs d'ArcelorMittal, ils apprennent que Lakshmi Mittal, le grand patron du géant mondial de la sidérurgie, a décidé de prendre des positions capitalistiques sur le marché de la production de cylindres. Ce sont des éléments clés pour fabriquer les tôles d'acier mais le nombre de fabricants est devenu trop réduit. Mittal craint d'être fragilisé par cette situation. Les discussions s'engagent entre les deux parties et vont aboutir.

En avril 2018, un accord est trouvé lors d'une réunion dans les bureaux d'ArcelorMittal à Bruxelles. Le 26 juillet, c'est officiel : le groupe sidérurgique acquiert 60 % d'AFS et injecte 4 millions d'euros dans son fonds de roulement. Les deux managers restent en place, l'avenir semble assuré après dix années de péripéties et de combats.

Au mois de septembre, c'est la fête au siège de l'entreprise ardennaise.

Ce sont d'abord les élus et le préfet qui sont conviés à célébrer l'accord avec ArcelorMittal ; puis, le 12 septembre, Denis Muszalski et Pascal Vanderpoorte, qui codirigent désormais la société, reçoivent les salariés et leurs familles lors d'un barbecue géant organisé dans l'enceinte de l'entreprise. Il fait beau, c'est la fête à l'usine. Enfin ! Le cas AFS pourra être cité en exemple. Pendant dix années, les deux dirigeants se sont battus pour éviter la fermeture. Et, pour une fois, contrairement à ce qui est arrivé à Electrolux, Deville, Thomé-Génot ou Porcher, ils ont gagné.

Mais pas seuls : tour à tour ou simultanément, les élus, les organismes consulaires, les administrations, les sociétés d'intérim locales les ont aidés à résister, à trouver des solutions pérennes. AFS est un cas d'école qui illustre parfaitement qu'il faut se battre pour sauver les emplois industriels en France...

DEUXIÈME PARTIE

L'UNION FAIT LA FORCE

1

LE CADEAU DE SARKO

Charleville-Mézières, 18 décembre 2006

Le cortège des voitures officielles encadré par les motards de la gendarmerie nationale progresse sous le regard de quelques badauds, peu habitués à un tel raffut dans les rues de Charleville-Mézières. Sirènes hurlantes, gyrophares éblouissants. Ce n'est pas un jour comme les autres.

Un peu comme si on attendait le Messie. L'envie d'y croire et en même temps tellement de désillusions. Ce matin de décembre, le froid est intense, les mains sont gelées, les nez rouges, mais un beau soleil brille. Certains y voient un signe ; d'autres, de l'ironie dans ce territoire qui a tant souffert. Pour deux personnes, cette journée est très particulière. Elle doit marquer un début, une inflexion majeure. L'un s'apprête à conquérir la France, l'autre vise un destin dans les Ardennes.

Le profil volontaire, reconnaissable entre tous, du ministre de l'Intérieur se dessine derrière les vitres teintées de sa voiture. Concentré, un court instant il ne dit mot. Il laisse son regard glisser le long des rues et des bâtiments. Car la préfecture des Ardennes a un charme fou avec ses maisons de brique rouge. Puis, passé le pont au-dessus de la Meuse, changement de ton et de décor. Des briques, on passe à la pierre de taille des immeubles Art déco de Mézières. Ce n'est pas son premier déplacement dans le département. Mais il n'en revient toujours pas : « Qui pourrait croire que l'on se trouve dans l'une des villes les plus sinistrées de France ? »

Nicolas Sarkozy se prépare depuis longtemps. Le jour est venu de se mettre en piste pour l'élection présidentielle. Sa base de lancement sera les Ardennes. Ce déplacement a été minutieusement pensé, préparé par son équipe de conseillers. Parmi les membres de la *dream team* qui s'est montée peu à peu autour du ministre, orchestrée par le fidèle Claude Guéant, se trouvent Laurent Solly, Emmanuelle Mignon, et Henri Guaino, qui vient de rejoindre l'équipe, il y a quelques jours. Le décor de la campagne se met en place.

Il y a aussi le jeune Boris Ravignon, énarque issu du prestigieux corps de l'Inspection générale des Finances. Il est installé dans un autre véhicule, plus loin dans le cortège, aux côtés de Laurent Solly. Même s'il garde le sourire, il a bien du mal à se détendre. Car ce jour est également le sien. Celui du retour de l'enfant du pays. Celui au cours duquel il va faire son entrée dans le club de ceux qui comptent dans les Ardennes. Il brigue un mandat de député aux législatives de juin prochain, sous l'étendard de l'UMP.

Il a passé son enfance à Charleville-Mézières et, même si la vie l'a éloigné des Ardennes à la fin de son adolescence, il reste viscéralement attaché à sa terre natale. C'est presque une obsession. Tout petit déjà, il ne pouvait pas ignorer que sa région traversait des années noires. C'était le quotidien des Ardennais. Plans sociaux, fermetures d'usines, crises de la sidérurgie et de la boulonnerie ont fait des dégâts colossaux, laissant des hommes, des femmes, des familles entières sur le carreau. Ainsi, pendant ses jeunes années, il entendait la litanie continuelle des mauvaises nouvelles et les histoires d'Ardennais qui s'exilent pour chercher du travail ailleurs. L'espoir a quitté les Ardennes. Les écoles se sont vidées, les commerces ont périclité, les friches industrielles ont envahi les paysages le long des routes. La désolation s'est installée partout. À 15 ans, devant sa fenêtre, avec un désir d'agir encore confus, il rêvait de trouver un moyen d'enrayer la machine infernale, il s'imaginait inventer, proposer, développer des activités pour aider son territoire.

Son grand-père lui a sans doute transmis le virus de la politique. La politique au sens noble du terme ; celle où l'on se consacre aux autres, à ses concitoyens ; celle où l'on développe des solutions concrètes. André Ravignon, menuisier, était maire de la petite commune rurale d'Aubigny-les-Pothées, à l'est de Charleville-Mézières. Boris y passait régulièrement ses week-ends. C'est ainsi qu'il a vu le dévouement constant de son grand-père envers ses concitoyens : il était toujours disponible, sur tous les sujets. Il se souvient même d'un dimanche où il l'a vu pousser les assiettes sur la table de la cuisine, afin de remplir des fiches d'état civil. Ce modèle d'abnégation a inspiré Boris et lui a montré la voie à suivre.

Boris était bon élève. Très bon élève. Mais à quoi bon ? Quand on est jeune ici, l'avenir est sacrément borné, les perspectives peu reluisantes. Et au centre d'information et d'orientation, on ne vous parle pas de Sciences Po ni des classes prépas. La chance lui sourit quand sa mère décide d'aller vivre à Agen. Il change alors de cadre et découvre de nouvelles perspectives. Après son bac, il rejoint une prestigieuse prépa à Toulouse puis décroche ensuite une place en école de commerce. Et là, tout s'accélère. Début du militantisme au RPR, concours de la haute administration française. Et bingo ! Il intègre l'ENA. Si sa vie d'étudiant lui a fait parcourir les coulisses des lieux de pouvoir à Paris et dans les préfectures de province, sa boussole l'a ramené en permanence vers ses racines ardennaises. Quand, en 2003, il devient enfin délégué de l'UMP dans la circonscription de Charleville, c'est avec bonheur qu'il s'installe dans une jolie petite maison des environs, qu'il regagne tous les week-ends après sa semaine de travail à Paris.

Lors du déplacement de ce jour de décembre 2006, cela fait déjà près de trois ans qu'il s'est mis à la disposition de son parti pour travailler sur le programme et les idées en vue de la présidentielle de 2007. Et c'est au cours de ses missions à Bercy qu'il a pu côtoyer Nicolas Sarkozy, alors ministre des Finances. Depuis maintenant presque dix-huit mois, il est conseiller technique auprès de celui-ci. En charge des études et de la prospective, il s'occupe surtout des dossiers d'aménagement du territoire. Une tour de contrôle idéale pour se mêler des affaires des Ardennes.

Il a d'ailleurs su tirer les bonnes ficelles pour attirer l'attention sur son département. Depuis des mois, il lutte inlassablement pour que les Ardennes restent dans l'agenda du ministre.

Quelques mois plus tôt, l'État a décidé de créer l'Agence nationale des titres sécurisés et souhaite l'installer en province. Charleville-Mézières fait partie des candidats. Combien de fois Boris Ravignon a-t-il vu le projet aiguillé vers d'autres territoires dont les élus et les conseillers revenaient en permanence à la charge auprès des ministres, tantôt y allant par les sentiments, tantôt usant de leur poids politique ? À un bout de la corde, le chargé de mission qui s'occupait du dossier, originaire de Clermont-Ferrand, soutenait son territoire ; à l'autre bout, Bernadette Malgorn, secrétaire générale du ministère de l'Intérieur, poussait en faveur de sa Bretagne natale. La lutte était inégale. Boris avait bien du mal à peser. Finalement, la malédiction Thomé-Génot a sans conteste fait pencher la balance du côté des Ardennes.

Quand Laurent Solly, chef de cabinet de Nicolas Sarkozy, lui a dit : « Il faut qu'on trouve un endroit où parler de la France industrielle qui se fait dépecer », il lui a immédiatement glissé : « Je pense que ce serait pas mal, les Ardennes. C'est un territoire que je connais bien et qui correspond vraiment à ces enjeux. » Et l'idée a fait son chemin.

C'est ainsi que Boris Ravignon a minutieusement préparé le terrain, pris les contacts localement, mis à profit son efficacité pour que tout soit prêt le jour J. L'occasion d'activer ses réseaux, de développer son influence auprès des élus, des chefs d'entreprise, de la préfecture. Bref de tous les acteurs économiques ou politiques qui comptent.

Pour ce déplacement dans les Ardennes, les Sarko boys ont ficelé plusieurs séquences, le programme est dense et a été conçu comme un rituel millimétré au cours duquel la chrysalide révélera le candidat à l'élection suprême. Les élus PS et affiliés de la région ne s'y trompent pas. Entraînés par Claudine Ledoux, la maire de Charleville-Mézières, ils boycottent l'arrivée du ministre. Même à la préfecture, il est dit qu'elle ne sera pas là pour le recevoir.

Les premières heures du déplacement se sont déroulées dans une atmosphère feutrée, presque irréelle. Le cortège a parcouru les paysages gentiment vallonnés du sud des Ardennes, pris dans la brume matinale. Première étape : visite du lycée agricole de Rethel. Le ministre y est attendu par quelques membres de son cabinet qui l'ont devancé, des élus et une petite troupe de journalistes, de la presse locale mais aussi nationale : les radios, les télévisions et les grands quotidiens ont envoyé leurs équipes sur place.

Le comité d'accueil qui patiente dans le froid voit la voiture du ministre s'approcher, il en sort, emmitouflé dans son manteau noir.

« Ah ! Bonjour, Bérengère ! Comment ça va ? Ça fait plaisir de te voir !

— Bien, merci Nicolas. Toujours ravie de t'accueillir dans les Ardennes et dans notre belle circonscription de Rethel. »

Figure locale de l'UMP, la députée Bérengère Poletti a déjà reçu Nicolas Sarkozy à maintes reprises. La dernière fois, c'était seulement quelques mois plus tôt, à l'occasion d'un meeting. Les élus et militants lui avaient fêté son anniversaire. Le tutoiement est de mise. La confiance aussi.

Bérengère vient embrasser Boris Ravignon. Ils se connaissent bien. Ils collaborent au sein des instances départementales de l'UMP.

« Merci, Boris. Je sais que tu as œuvré dans les coulisses pour que ce déplacement soit possible. C'est une très bonne chose qu'on puisse organiser le lancement ici.

— Oui, ça n'a pas été simple. Je peux te le dire.

— Je m'en doute. En tout cas, dans la perspective des prochaines élections, on ne peut que se féliciter. On a besoin de soutien pour décrocher le PS et consorts. Localement, ça va nous donner une bonne énergie de démarrer la campagne ici. »

Après un échange chaleureux avec les jeunes lycéens, la délégation se met en route pour rejoindre la deuxième étape de la journée, Bogny-sur-Meuse. Cette petite commune abrite les Ateliers des Janves, une forge installée depuis le début du XXe siècle et qui, bon an mal an, ne s'en sort pas si mal. Une grosse partie de ses commandes vient des constructeurs automobiles.

Sous les caméras et dans la cohue formée par les journalistes et les membres de la délégation, Nicolas Sarkozy salue les ouvriers, à leur poste de travail.

« Combien gagnez-vous ?

— 1 200 euros par mois.

— 1 200 ! Au bout de trente ans. Ce n'est pas assez ! »

Quelques mots échangés, une tape dans le dos. Et on passe au suivant. Les visages sont amènes, l'accueil enthousiaste. Tout a été minutieusement réglé. La mécanique est bien huilée. Le ministre se hisse sur la petite estrade installée dans les allées de l'usine pour son premier discours de la journée. Il a choisi de parler de capitalisme et de responsabilité.

« Oui, chers amis, le capitalisme familial est cent fois préférable à un actionnaire installé à des milliers de kilomètres et qui peut effacer une usine d'un trait de plume. » La séquence se termine sous des applaudissements nourris.

En milieu de journée, le véhicule du ministre arrive aux abords de l'hôtel de préfecture, il franchit ses grilles et roule maintenant sur les pavés. Ce bâtiment abritait autrefois l'École royale du génie avant que celle-ci ne soit transférée à Metz. Il est l'un des symboles de ces siècles au cours desquels les villes de Charleville et de Mézières concentraient des régiments et des manufactures militaires. C'était l'âge d'or. Avant que ne commence la lente et inexorable disparition des manufactures puis des industries des Ardennes.

Un greffier de la préfecture s'avance et ouvre la portière. Nicolas Sarkozy pose un pied déterminé sur le sol et, sourire large, un peu crispé, il tend une main vigoureuse à la préfète des Ardennes. Il y joint la deuxième main, dans un mouvement maintes fois répété qui rend le contact avec Nicolas Sarkozy hypnotique pour les uns, profondément agaçant pour les autres.

En ce jour de décembre, le candidat à la présidence et ses conseillers n'arrivent pas les mains vides. C'est Noël avec quelques jours d'avance. La distribution des cadeaux va se dérouler dans la salle d'honneur de la préfecture.

Chefs d'entreprise, élus et syndicalistes se sont réunis pour témoigner et débattre de la situation du territoire ardennais. Les députés, Bérengère Poletti et Jean-Luc Warsmann, le sénateur Benoît Huré, le président de la chambre de commerce et d'industrie, Géraud Spire et quelques maires forment les deux premiers rangs. Des ouvriers et des représentants syndicaux de Thomé-Génot sont là aussi, exsangues après des semaines de négociations.

Devant ce parterre d'acteurs politiques et économiques unis dans une même lutte, le ministre prend alors la parole et déroule le discours aux forces vives, préparé par Boris Ravignon et Claude Guéant.

Ses premiers mots sont pour les Ardennais, ces gens « entiers, authentiques et droits » ; avant de montrer qu'il n'ignore rien de leur situation. « [Je sais] à quel point les pertes d'emploi récentes dans l'industrie ardennaise non seulement ont frappé durement des milliers de familles, mais ont été ressenties par chacun comme le signe implacable d'un déclin pour les Ardennes. »

Et de s'insurger contre les actionnaires voyous comme ceux de Thomé-Génot. Et de réclamer des mesures, un durcissement de la loi, qui permettrait de détecter ces « menaces qui planent sur nos entreprises » et de sanctionner. Mais aussi d'affirmer que oui, « les pouvoirs publics assument les conséquences de tels désastres sociaux, lorsqu'ils se sont révélés aussi défaillants et impuissants à les prévenir. ».

L'auditoire ne peut qu'approuver ces mots ; il se sent entendu, compris.

C'est alors que Nicolas Sarkozy dévoile ses premières promesses de candidat, le « travailler plus pour gagner plus », en proposant la défiscalisation des heures supplémentaires ; avant de déposer tous les cadeaux aux pieds des Ardennais.

Il annonce des efforts inédits en vue de désenclaver ce petit bout de France, niché au cœur de l'Europe mais si isolé. C'est décidé, il faudra que le TGV arrive dans le département et que la jonction ferroviaire avec la Belgique soit rétablie. L'État s'engage aussi à financer plus que sa part dans la construction du tronçon d'autoroute entre Charleville-Mézières et la Belgique. 55 millions d'euros sont mis sur la table, pour permettre au département d'actionner des initiatives en faveur de la revitalisation économique.

Pour combattre l'hémorragie sociale dans la région, Nicolas Sarkozy apporte également un cadeau à ce territoire meurtri. L'implantation à Charleville-Mézières de la nouvelle Agence nationale des titres sécurisés. Plusieurs dizaines d'emplois qualifiés à la clé.

« Je ne suis pas venu dans les Ardennes par hasard. Lorsqu'un territoire est en difficulté, c'est le rôle d'un responsable politique de venir sur le terrain pour écouter, bien entendu, mais surtout pour comprendre, pour agir et pour apporter de véritables solutions. Les engagements que j'ai pris ici, devant vous, seront tenus. J'y veillerai personnellement et régulièrement. Et je reviendrai s'il le faut. Nous avons la tâche immense de faire renaître l'espoir, ici, dans la population ardennaise. Tous ensemble, je sais que nous pouvons y parvenir. »

Au terme du discours, les applaudissements résonnent dans toute la salle ; ininterrompus pendant de longues secondes. Voyant l'accueil du discours, Boris Ravignon se détend un peu. Une étape majeure a été franchie. Il serre plusieurs mains, échange quelques mots de-ci de-là avec les personnes présentes. Il est conscient que sont réunis là une grande partie de ceux qui font les Ardennes, qu'ils soient chefs d'entreprise, élus ou représentants des administrations. Il a un mot pour chacun, il connaît ses dossiers et ses interlocuteurs.

Dernière étape et point d'orgue de la journée : le meeting, le premier du candidat à la présidentielle. Quand Nicolas Sarkozy arrive au parc des expositions de Charleville-Mézières en début de soirée, l'ambiance est surchauffée. Il fait très chaud, une énergie formidable s'est concentrée dans la salle, prête à exploser. Plus de trois mille, peut-être même quatre mille militants, sympathisants ou curieux ont fait le déplacement ! En bus, en voiture ; certains viennent des Ardennes, d'autres de l'Ain ou de la Marne. Dans un territoire qui vote à gauche depuis des décennies, ce rassemblement a de quoi impressionner. À l'échelle de Charleville-Mézières, c'est énorme. Une grande partie du corps électoral est représentée ce soir. D'ailleurs, derrière les grilles du parc des expositions, Claudine Ledoux et sa délégation de maires sont passablement agacés de voir le parking se remplir. Après avoir boycotté la visite à la préfecture, ils sont venus présenter leurs doléances au ministre. Malheureusement, ils n'auront pas l'occasion de le croiser et assisteront, impuissants et dans le froid, à la montée du ministre sur le ring présidentiel.

À l'intérieur, l'ambiance est enflammée, la musique est à fond. Costume noir, épaules larges, le candidat surgit de la loge et grimpe d'un pas vif sur l'estrade. Il vient embrasser et donner l'accolade à toute la clique des responsables UMP nationaux et locaux présents ce soir. Xavier Bertrand, François Fillon, Bérengère Poletti et Boris Ravignon s'affichent, debout, sur la scène, pour encourager et congratuler leur champion.

Sous les crépitements et les flashs des appareils photo, Sarkozy salue la foule dense qui emplit les lieux. Il réajuste sa veste et, sans transition, rejoint le pupitre. Il parcourt la salle des yeux quelques secondes, sourire aux lèvres. La foule scande « Sarko président ! Sarko président ! » Les visages sont inondés de joie. Sans attendre plus longtemps, il se lance dans son premier meeting de candidat. Pour déclarer la guerre à la sinistrose et dire aux Ardennais, aux travailleurs, au peuple français de ne pas renoncer face à la mondialisation.

Une fois le meeting terminé, Boris Ravignon rejoint Nicolas Sarkozy dans sa loge avec d'autres proches. Leur candidat est en nage, comme toujours après ce genre d'exercice. En nage mais radieux. La campagne de la présidentielle est lancée. Boris Ravignon aussi est aux anges. Non seulement il est papa depuis deux jours d'une petite fille qu'il a à peine eu le temps de prendre dans ses bras, mais il a aussi la conviction d'avoir assuré sa propre candidature aux législatives. Il se voit bien au milieu des figures locales de la droite bien installées comme Bérengère Poletti et Jean-Luc

Warsmann, ou comme le sénateur Benoît Huré. Il pourrait tenter sa chance dans la deuxième circonscription, la plus dure, la plus à gauche. Avant d'en découdre avec les électeurs, il y aura l'hiver à traverser et une campagne présidentielle à mener.

2
LE PIED DANS LA PORTE

Charleville-Mézières, 16 mars 2008

En ce dimanche soir, Boris Ravignon va apprendre deux nouvelles. L'une lui laissera ce goût amer qui lui est d'autant plus insupportable qu'il le connaît bien ; l'autre le consolera un peu. C'est soir d'élections municipales et cantonales. Désormais membre de la garde rapprochée du président de la République, Boris Ravignon continue de parcourir sa terre natale tout en officiant à l'Élysée. Il est deuxième sur la liste de Bérengère Poletti, déjà élue députée des Ardennes à plusieurs reprises et qui brigue pour la première fois le mandat de maire de Charleville-Mézières. Elle se retrouve face à Claudine Ledoux, qu'elle a battue à deux reprises aux législatives. En 2002 et en 2007.

Dès la fin de l'après-midi, les militants les plus chevronnés et les membres de l'équipe de campagne de l'UMP ont été envoyés comme observateurs dans les trente-quatre bureaux de vote de la ville. Une demi-heure après la fermeture du scrutin, chacun d'entre eux a appelé la permanence pour transmettre les résultats des cent premières enveloppes dépouillées. Le benjamin de l'équipe se charge d'enregistrer les remontées dans un tableur. Préoccupé, les traits tendus, le directeur de campagne entame un va-et-vient compulsif, s'arrêtant ponctuellement pour griffonner quelques notes sur son calepin. Les premières tendances ne sont pas favorables. Du tout. La liste PS menée par la maire sortante est en tête dans la plupart des bureaux de vote.

L'atmosphère, qui était joyeuse et conquérante au moment où les bénévoles rejoignaient le QG, devient lourde. Les mâchoires se crispent. La tension monte dans l'équipe. Le silence est saisissant. Après des mois de travail sur le terrain, après avoir enduré les coups bas des dernières semaines, les nerfs sont à fleur de peau. On a tellement rêvé de la victoire. On ne croit rien tant que toutes les enveloppes n'auront pas été dépouillées, en espérant que les premières remontées se révèlent trompeuses, que la tendance se retourne. Les regards se portent, interrogatifs, en direction du bureau fermé. La tête de liste, Bérengère Poletti, et ses premiers colistiers se sont soudain enfermés à l'intérieur. Cela fait de nombreuses minutes qu'ils n'en sont pas ressortis. De temps en temps, la porte s'entrebâille, laissant apercevoir le conciliabule en cours. L'heure est sérieuse, le temps est suspendu.

Assez vite, la plupart des bureaux de vote arrivent au terme du dépouillement et communiquent le score final. Le retournement espéré ne s'est malheureusement pas produit. Selon toute vraisemblance, Claudine Ledoux vient de remporter son deuxième mandat. Les mines sont déconfites. Certains vitupèrent leurs adversaires, d'autres s'enfoncent dans le mutisme. Soudain, le directeur de campagne reçoit un appel de l'un des délégués qui font le tour des bureaux de vote.

« Oui, Thierry ?

— On a un problème ici. Et ça commence à chauffer.

— Raconte. Qu'est-ce qui se passe exactement ?

— Ben, en fait, on n'a pas le compte. Ça ne colle pas entre les bulletins de vote, la liste et les enveloppes. On est en train de tout revérifier.

— OK. Quelqu'un va venir voir. Mais ce sont des choses qui arrivent. L'essentiel pour l'instant est de rester calme. Calme et méthodique. »

Après un court échange derrière la porte du bureau, Boris Ravignon est désigné comme émissaire. Il s'extirpe en une seconde du bureau où a lieu le conciliabule, attrape son manteau à la volée, vérifie qu'il a bien les clés de sa voiture et quitte la permanence. Direction le bureau de vote. Dehors, le froid est vivifiant et l'aide à retrouver un peu de son calme. Reprendre le contrôle de sa pensée, tenter de faire abstraction de la déception. Il faut savoir perdre dignement, reconnaître la victoire de l'adversaire. Mais que cela est dur ! Il va falloir trouver les mots justes pour féliciter la gagnante et saluer l'exercice démocratique. Ce qui n'est pas simple tant la campagne a été féroce. Il marche d'un pas décidé, dans un état d'hyperéveil qui masque un épuisement colossal.

Il se gare à proximité du gymnase qui fait office de bureau de vote et pénètre à l'intérieur. Il salue cordialement le président et chacun des assesseurs, avant de demander :

« Comment ça se passe ? Vous disiez qu'il y a eu un problème.

— Ils sont en train de repointer la liste électorale. Le comptage initial n'était pas bon. Catherine me dit qu'on aurait oublié les procurations, inscrites à la main.

— D'accord, on va attendre que tout puisse être vérifié tranquillement », conclut Boris Ravignon avant de se mettre à l'écart pour passer un rapide coup de fil à Bérengère Poletti.

Après avoir raccroché, il n'y a plus qu'à attendre. Pendant ces longs moments suspendus, Boris Ravignon revisite les derniers mois. Il tente de comprendre ce qui n'a pas marché. Car, il y a un an encore, il pensait sincèrement qu'il allait renverser la table en remportant les élections municipales sur sa terre natale. Il lui semblait que toutes les planètes étaient alignées pour qu'enfin ce pays qui vote à gauche depuis des décennies bascule dans le camp de la droite.

Les pièces du puzzle s'étaient mises en place une à une. La visite de Nicolas Sarkozy dans les Ardennes avait marqué le coup d'envoi. Quelques semaines avant l'élection présidentielle de mai 2007, les investitures pour les législatives étaient déjà faites. En l'occurrence, il était acquis qu'il serait candidat, sous l'étiquette UMP. Évidemment, comme tout nouvel entrant sur le terrain politique local, il était pressenti pour relever un défi et allait devoir se battre sur une terre de mission. Cette terre de mission, c'est la dernière circonscription des Ardennes, qui depuis des années reste obstinément entre les mains des socialistes. En effet, des trois circonscriptions qui composent le département, deux sont déjà acquises à des députés de la majorité présidentielle. La première circonscription, qui commence à Charleville-Mézières et englobe le sud agricole du département, a été gagnée dès 2002 par Bérengère Poletti. La troisième circonscription, située dans la partie est des Ardennes, autour de Sedan, a été raflée il y a bien longtemps par Jean-Luc Warsmann.

Pendant des mois, Boris Ravignon s'est imposé une discipline de fer. La semaine au cabinet du ministre de l'Intérieur et tous les week-ends dès le vendredi soir dans les Ardennes. Il a animé la campagne dans le département. Il a labouré méthodiquement le terrain, allant au contact.

Le soir du second tour de la présidentielle, il est à Charleville-Mézières parmi les militants. Il assiste aux déclarations des deux candidats finalistes, Ségolène Royal puis son champion. Pris dans l'allégresse et la ferveur, il ne réalise sans doute pas à quel point la soirée au Fouquet's crée une rupture.

Comme prévu, dans la foulée de la victoire à la présidentielle, Boris Ravignon porte les couleurs de l'UMP dans la partie septentrionale du département, qui de Charleville-Mézières remonte jusqu'à la pointe de Givet en passant par la célèbre « vallée rouge » de la Meuse, territoire ouvrier et très ancré à gauche.

Plein d'allant, Boris Ravignon est galvanisé par sa cavalcade triomphante aux côtés de Nicolas Sarkozy. Il compte apporter un souffle nouveau à son département.

Dès la victoire à la présidentielle, Boris Ravignon bascule à temps plein dans sa circonscription, qu'il parcourt depuis sa permanence de Revin. Il emploie toute sa fougue à rencontrer ses concitoyens, à visiter les entreprises et les installations agricoles, à s'imprégner des enjeux locaux, à convaincre de sa capacité à apporter des solutions, à se battre pour cette terre de souffrance. Sa proximité avec le président nouvellement élu laisse espérer que le gouvernement remarque enfin ce bout de département jusqu'ici isolé. D'ailleurs, il a déjà marqué des points depuis quelques mois. À l'occasion de la visite de Sarkozy, il a pu avancer ses pions sur l'échiquier politique des Ardennes en défendant avec ferveur le trio de mesures exceptionnelles décidées pour le département : l'installation de l'Agence nationale des titres sécurisés ; le financement supplémentaire de 55 millions d'euros pour le bouclage de l'autoroute jusqu'au nord du département ; la relance de la ligne ferroviaire entre Charleville-Mézières et Givet, qui parcourt la vallée de la Meuse et irrigue la circonscription que Boris Ravignon vise.

Il est conscient cependant de ne pas encore être très connu localement. Et, en effet, sa notoriété n'est pas suffisante pour lui éviter l'arrivée d'un adversaire issu de la même famille politique. L'UDF, pourtant partenaire de l'UMP, investit Florence Richard dans la même circonscription. Le risque de dispersion des voix est très élevé. Ici, en terre rouge, la droite et le centre droit ne peuvent pas se permettre la multiplication des listes. La nouvelle n'est pas bonne.

Malgré tout, ça passe. Au soir du premier tour des législatives, Boris Ravignon réussit à arriver en tête.

Avec plus de 40 % des voix, il devance son concurrent PS de trois points ! Un petit séisme vient de se produire dans le paysage politique local. L'espoir est permis pour Boris Ravignon. Il dispose de réserves de voix à droite, à gauche et au centre.

Malheureusement, l'entre-deux-tours ne se passe pas dans les meilleures conditions. L'atmosphère n'est pas des plus favorables. Face au raz-de-marée de candidats UMP élus au premier tour qui déferle sur les plateaux de télévision, leurs adversaires redoublent d'invectives. Un président déjà très présent et volontaire, une Assemblée nationale à sa botte. Les opposants sont galvanisés, ils ne veulent laisser aucune place aux candidats UMP encore en lice au deuxième tour. Boris Ravignon en fait rapidement les frais.

Dans les heures qui suivent la fin du premier tour des législatives, il commence d'intenses tractations avec ses partenaires politiques, tous ces candidats qui ont obtenu quelques points au premier tour et qui peuvent lui permettre de rester en tête. Mais ces discussions prennent un temps considérable et l'empêchent de se concentrer sur la campagne. Quand, enfin, en milieu de semaine, il revient sur le terrain, celui-ci est miné. Sur les marchés, on l'interpelle à plusieurs reprises sur les annonces faites par François Fillon lors de la soirée électorale du premier tour de la présidentielle : « Vous allez vraiment augmenter la TVA ? Parce que ça fait beaucoup ! » On n'hésite pas non plus à lui rappeler qu'il est l'émissaire du président des hyperriches, qui préfère fêter son élection avec de grands patrons au Fouquet's. L'étiquette est lourde à porter. Et Philippe Vuilque, son adversaire PS, n'hésite pas à enfoncer le clou. En quelques heures, il fait placarder sur les affiches officielles de Boris Ravignon un gros bandeau rouge : « Ravignon + 5 % de TVA ». En territoire de gauche, « l'énarque parachuté de Paris », comme le qualifient certains de ses opposants, a la vie dure. Son erreur est de ne pas réagir à ces attaques. En définitive, Boris Ravignon perd de peu l'élection législative. Le candidat PS le devance de trois points.

Quelques mois plus tard, quand les élections municipales de 2008 se profilent, les états-majors se mettent en place. À Charleville-Mézières, une femme et un homme du camp présidentiel ont de très bonnes raisons de s'engager dans la bataille. Ils ont des coups à rendre. Cette fois, hors de question que l'élection leur échappe. Bérengère Poletti était restée sur le seuil de la mairie en 2001 et avait simplement obtenu le renouvellement de son mandat de conseiller municipal. Elle avait perdu face à Claudine Ledoux qui, elle, remportait son premier mandat de maire. Boris Ravignon n'a lui aussi qu'une envie : prendre sa revanche à la suite de sa défaite aux législatives. Tandem mixte à tous points de vue. Femme, homme ; élue de terrain et bête de cabinet de la République. Le ticket a de quoi séduire !

La volonté et les compétences sont certes réunies mais, Boris Ravignon s'en souvient, les conditions ne sont pas faciles à l'époque pour les élus de l'UMP. Le quinquennat a démarré sur plusieurs fausses notes qui résonnent d'une manière particulière dans les Ardennes. « L'incident du Fouquet's » a été suivi quelques semaines plus tard par la croisière de Nicolas Sarkozy fraîchement élu sur le yacht de Vincent

Bolloré. Il n'en fallait pas moins pour écorner l'image du président aux yeux de tous les Ardennais et rendre les débuts du locataire de l'Élysée difficiles.

Ces circonstances ont fait naître le doute chez Bérengère Poletti. D'autant plus que Claudine Ledoux se présente pour son deuxième mandat et, on le sait, les électeurs sont souvent enclins à redonner leur chance aux maires sortants. Malgré tout, Bérengère Poletti décide d'y aller. La campagne démarre à l'automne 2007. Boris Ravignon est positionné deuxième sur la liste. En tant que proche de Nicolas Sarkozy à l'Intérieur et maintenant à l'Élysée, il concentre évidemment les attaques des autres candidats. Claudine Ledoux joue d'ailleurs avec talent la carte du barrage contre la Sarkozie. La candidate socialiste défend son mandat tout en nationalisant le scrutin. Rien de plus normal, après tout !

Un sondage réalisé au début de 2008 et publié par *L'Ardennais* laisse entrevoir une défaite nette et inévitable. Il n'en faut pas plus pour semer la zizanie. Au sein même de l'équipe de campagne, les non-dits créent des tensions, avivées par la décision de Boris Ravignon de se porter également candidat aux élections cantonales qui ont lieu le même jour que les municipales. Certains colistiers y voient une dispersion mortifère entre deux combats. On lui reprochait déjà d'être trop occupé par ses missions de conseiller en charge du développement durable à l'Élysée.

Boris Ravignon a toujours considéré, lui, que la campagne menée dans le canton est en synergie avec celle des municipales puisque plus de 90 % des électeurs du canton habitent en fait la commune de Charleville-Mézières.

Quand le résultat du premier tour tombe une semaine plus tôt, l'équipe est éplorée. Claudine Ledoux frôle la majorité, avec 47 % des voix. Bérengère Poletti en recueille 38 % mais dispose de très peu de réserves de voix. Dans la semaine entre les deux tours, les esprits oscillent entre obstination et résignation.

Resté à l'écart dans le gymnase, Boris Ravignon est soudain tiré de sa rêverie par le président du bureau de vote qui l'interpelle.

« Monsieur Ravignon !

— Oui, je suis à vous, souffle Boris Ravignon en consultant machinalement son téléphone.

— Le comptage est terminé. C'est la liste de Mme Ledoux qui l'emporte ici. Je vais finaliser le procès-verbal avec les assesseurs.

— Ah ! souffle Boris Ravignon, avant de se reprendre poliment. Je vous remercie, monsieur. »

Abasourdi, il effectue un pas de côté pour passer un coup de fil quand le président reprend.

« En revanche, j'ai une information qui va vous intéresser.

— Oui, je vous écoute.

— Dans ce bureau de vote, vous êtes largement arrivé en tête pour la cantonale. »

Boris Ravignon lève un sourcil.

« Vous avez 67 voix d'avance. »

Boris Ravignon comprend alors qu'il a peut-être rattrapé son retard. Si ses comptes sont bons, il n'est pas loin d'être conseiller général. Mais il doute. Il n'ose y croire. Il n'est plus sûr d'avoir bien comptabilisé les scores.

La boule au ventre, il passe un coup de fil au directeur de campagne pour lui transmettre les derniers comptages. Les résultats sont sans appel. Avec plus de 55 % des voix, Claudine Ledoux remporte la Mairie. Ce ne sera pas pour cette fois-ci. À nouveau. Boris Ravignon reprend le chemin de la permanence. Il attend la fin de soirée quand tous les présidents des bureaux de vote ont remis leurs procès-verbaux à la préfecture. Peu avant minuit, les résultats sont officiellement communiqués. La Mairie leur échappe mais il apprend qu'il a gagné son siège de conseiller général avec huit voix d'avance sur toute la circonscription. Huit voix seulement !

Voilà qu'il décroche enfin un premier mandat local. Une maigre compensation pour l'échec à la législative l'année précédente. Il se console en pensant que, en tant qu'élu de la majorité au sein de l'assemblée départementale, il pourra vraiment s'investir dans la vie de son territoire. De plus, une heureuse surprise l'attend le lendemain. N'ayant pas réussi à accéder à la fonction de maire de Charleville-Mézières, Bérengère Poletti n'a aucune envie d'être une simple conseillère municipale, reléguée dans le camp de la minorité. Elle préfère privilégier son mandat de députée. Elle décide de démissionner du conseil municipal, laissant donc Boris Ravignon en position de chef de file de l'opposition à Charleville-Mézières. Dans les années qui viennent, il compte bien profiter de ces deux postes pour imprimer sa marque, en étant un opposant hyperactif à Claudine Ledoux au sein du conseil municipal et en quadrillant le territoire autour de la ville. De là, il préparera sa conquête de la Mairie.

3
MAIRE MALGRÉ LUI

Sedan, 4 juillet 2008

18 heures. À l'hôtel de ville de Sedan, la grande salle du conseil municipal se remplit peu à peu. Une fois n'est pas coutume, les bancs réservés au public affichent complet. Les deux journalistes du quotidien *L'Ardennais* sont installés à leur place, devant une table isolée qui leur donne une vue complète sur tous les participants. La séance va bientôt commencer. Les élus affichent des visages graves. La plupart des regards se tournent vers Didier Herbillon, premier adjoint au maire qui reste de marbre. La vie de ce jeune élu va changer au terme de cette réunion. La raison ? Le décès, deux semaines plus tôt, des suites d'une longue maladie, du maire, Dominique Billaudelle, élu triomphalement au premier tour de l'élection municipale, le 9 mars. Cette figure locale du parti socialiste avait succédé en 2004 à Jean-Paul Bachy, devenu président de la Région Champagne-Ardenne.

Le premier point à l'ordre du jour de la séance dirigée par la doyenne du conseil, Mireille Rambourg, est donc d'élire le nouveau maire. Et ce sera Didier Herbillon. L'heure de gloire d'un homme de l'ombre qui sait depuis quelques mois que la lumière lui est promise. Cet ancien professeur de tourisme au lycée des métiers de Bazeilles, un faubourg de Sedan, va devenir le premier magistrat de sa ville. Didier Herbillon est tombé très tôt dans la politique locale. Natif de Sedan, il a fait des études d'histoire et de géographie pour devenir professeur, d'abord au lycée Clemenceau de Reims et ensuite, à partir de 1990, au lycée des métiers de Bazeilles. Dès l'âge de 15 ans, il s'est engagé dans le monde associatif local, notamment dans le club de football de Sedan. Après avoir obtenu son bac, il est parti en classe préparatoire à Nancy mais il rentrait chaque week-end à Sedan pour entraîner des équipes de jeunes footballeurs. Devenu adhérent au PS, il est logiquement entré au conseil d'administration de l'office de tourisme. Discret mais toujours disponible et enthousiaste pour développer le patrimoine de Sedan, il a très vite été remarqué par le patron de la section locale du parti socialiste, Jean-Paul Bachy.

Avant de partir à la conquête de la Mairie en 1995, ce dernier invite Herbillon, qui vient d'avoir 30 ans, à déjeuner. Objectif : lui proposer une place sur sa liste. En cas de victoire, il aura la charge des dossiers du patrimoine et du tourisme. Jean-Paul Bachy l'emporte haut la main dans une ville qui est un bastion de la gauche depuis longtemps. Herbillon fait donc son entrée au conseil municipal. Il n'a pas le temps de célébrer sa victoire que le nouveau maire le propulse au rang de troisième adjoint avec, sous sa responsabilité, les portefeuilles de l'urbanisme, du patrimoine et de la culture. Quand, en 2004, Bachy part prendre la présidence de la Région Champagne-Ardenne, le jeune socialiste monte naturellement d'un cran dans la hiérarchie sedanaise. « Prépare-toi », lui dit Bachy, sans doute en pensant déjà à l'après-Billaudelle.

Message reçu par l'intéressé dont l'appétit pour les responsabilités locales progresse d'année en année.

Tout s'accélère quand le successeur de Jean-Paul Bachy tombe gravement malade, plus d'un an avant l'élection de 2008. Didier Herbillon est déjà chargé d'assurer l'intérim à la mairie. Quelques semaines avant le début de la campagne, Billaudelle l'invite à son domicile pour parler de l'après-élection.

« Didier, il ne faut pas mentir aux Sedanais, j'ai envie de me représenter pour qu'ils cautionnent ce que j'ai fait, mais je ne serai pas maire, je ne serai plus là. Je veux donc que tu sois avec moi sur toutes les photos de campagne.

— Tu es sûr ? Tu sais que tu peux compter sur ma fidélité mais je souhaite vraiment que tu te rétablisses.

— Merci Didier, la maladie gagne du terrain, malheureusement. Je vais devoir me consacrer à ce combat terrible. J'ai besoin de t'avoir à mes côtés pour que la ville reste entre de bonnes mains.

— Dominique, je suis honoré par ta proposition. Je te promets d'y réfléchir. Dans tous les cas, je sais ce que je te dois. Je ferai tout pour perpétuer ton action pour Sedan. Mais donnons-nous la chance de te voir guérir et reprendre une activité normale.

— Didier, réfléchis bien, je compte vraiment sur toi. »

Dans un premier temps Didier Herbillon a refusé, mais Dominique Billaudelle a insisté. Alors il s'est rallié à sa volonté. Et toutes les affiches de la campagne ont mis en avant le duo formé par les deux socialistes. Un ticket gagnant.

Le 9 mars, quand la liste Billaudelle-Herbillon l'emporte dès le premier tour, c'est Didier Herbillon qui fait la tournée des médias. Il se rend par exemple dans les studios de France 3 à Charleville-Mézières pour répondre en direct aux questions des journalistes pendant que toute l'équipe de campagne est réunie au domicile du maire souffrant. Un journaliste lui demande quelle impression cela fait de devenir maire de Sedan. Troublé par cette erreur et sachant que Billaudelle le regarde, Herbillon répond qu'il est venu sur le plateau en tant que « simple porte-parole de la liste élue ». En fin de soirée, Didier Herbillon rentre à Sedan et passe fêter la victoire chez Dominique Billaudelle.

Le samedi 15 mars, le maire, dont l'état se dégrade rapidement, vient assister au conseil municipal. Il arrive en ambulance sur un brancard. Installé ensuite sur un fauteuil roulant, il salue chacun des élus avant de présenter son programme d'action : des investissements de 200 millions d'euros, soit l'équivalent de la construction de quarante collèges ; le gel des impôts jusqu'en 2013 ; et le développement d'une politique sociale et solidaire axée notamment sur le troisième âge. Ce jour-là, le conseil municipal comprend que c'est sans doute un testament, un adieu.

Le jour de la mort de Dominique Billaudelle, le 19 juin, Herbillon a rendu un premier hommage à

« son patron et son ami ». Il n'était pas toujours d'accord avec lui politiquement mais la complicité était grande entre les deux hommes. Le 4 juillet, jour de son sacre au conseil municipal, il éprouve donc des sentiments partagés. Certes, il va pouvoir enfin mettre en œuvre ses idées, mais il s'apprête à être élu par ses collègues et non par la population.

La doyenne, Mireille Rambourg, ouvre la séance :

« Mes chers collègues, nous allons procéder aujourd'hui à l'élection du nouveau maire de Sedan en remplacement de M. Dominique Billaudelle, décédé le 19 juin. Il s'est battu pour cette ville, mais au-delà c'était un homme de cœur que nous aimions tous beaucoup. Sa disparition est une grande perte pour les Sedanais. Il nous appartient maintenant de désigner son successeur. »

Didier Herbillon fait à son tour l'éloge de l'ancien maire au cours duquel il reconnaît avoir eu parfois des « engueulades » avec lui. Il demande une minute de silence.

Didier Herbillon est le seul à se présenter. L'opposition de droite ne souhaite pas participer à un scrutin qui ne fait pas appel au vote des Sedanais. Il obtient les 27 voix de sa liste, son élection n'est qu'une formalité. Celle de ses adjoints est également validée avec 26 voix et une abstention.

La doyenne du conseil passe symboliquement l'écharpe autour du cou du nouveau maire. Mais pas le temps de fêter l'événement. Il prend immédiatement les commandes d'une réunion qui compte encore vingt-huit points à son ordre du jour. Il a néanmoins prévu un petit discours.

« J'assumerai mes fonctions en poursuivant l'œuvre entreprise, notamment en ce qui concerne la rénovation urbaine, le pôle culturel, le cinéma, la liaison entre le château et la Meuse. Cela en prenant en compte les plus fragiles des Sedanais, le monde associatif et sportif, les scolaires, et en accordant toute ma confiance au personnel municipal. »

Le nouveau maire insiste ensuite sur « les valeurs humanistes qu'il porte ».

Depuis 1995, date de son entrée au conseil municipal, il a multiplié les projets. Mais la plupart ont été enterrés par les maires en place, souvent faute de moyens financiers disponibles. Il va enfin pouvoir pousser certains d'entre eux.

À l'âge de 44 ans, il accède à la plus haute marche de la ville. Son rêve, c'est déjà de pouvoir convaincre les électeurs de le réélire dans six ans.

Chez les hommes politiques, l'appétit vient en mangeant. Même dans les Ardennes.

4
ÉLU DANS UN FAUTEUIL

Charleville-Mézières, 9 avril 2014

Les premiers sont arrivés dès 4 heures du matin. La permanence ouvrait à partir de 7 heures. Sur la place Ducale, les Carolomacériens viennent en nombre à la rencontre de leur nouveau maire.

Quand Boris Ravignon descend de son vélo, une longue file s'est déjà formée. Il reprend son souffle et avance d'un pas décidé, sourire aux lèvres. Il serre des mains, distribue des salutations appuyées à celles et ceux qu'il connaît déjà.

Après plusieurs années d'efforts, il a enfin remporté un mandat politique majeur ! Cette fois-ci, il a démarré sa campagne très en avance et n'a pas commis l'erreur de partager son temps entre Paris et les Ardennes. À tous les instants, il a occupé le terrain. La phase d'écoute des habitants a commencé un an avant les élections municipales. Le lancement d'une pétition en plein cœur de l'été 2013 pour réclamer le maintien du troisième régiment du génie à Charleville-Mézières a pris complètement de court Claudine Ledoux et son premier adjoint, Philippe Pailla, en vacances sous d'autres latitudes. Comme la chance sourit aux audacieux, il bénéficie de la pagaille visible dans le camp adverse. Coup de tonnerre en septembre 2013 : le quotidien *L'Ardennais* annonce en une que la maire sortante est nommée ambassadrice de France déléguée à la coopération régionale dans la zone de l'océan Indien, au terme du conseil des ministres du jour même. Elle démissionne donc de son mandat en pleine campagne pour sa réélection ! Même si son premier adjoint prend immédiatement le relais, les Carolomacériens sont choqués de cet abandon. Sa nomination à un poste plus honorifique aurait pu les flatter. Si elle avait été nommée ministre, on aurait mieux accepté. On aurait compris que son destin devenait national. Il y a de la colère et de la déception.

Le mercredi matin qui suit son élection, Boris Ravignon entre dans le local qu'il a choisi pour tenir sa permanence. Dès le début de son mandat, il met en place ce rituel qui était une promesse de campagne. Chaque semaine il recevra ses administrés. Il ne s'agit pas d'une simple discussion de salon, il veut pouvoir écouter, prendre des notes puis agir sans tarder.

« Bonjour monsieur, ravi de vous recevoir. Que puis-je pour vous ? »

C'est parti pour une plongée dans la vie du maire. « Je n'en peux plus. Le voisin s'enivre tous les soirs. Il fait un boucan de tous les diables et ne veut rien entendre. Et la police ne se déplace même plus ! » « Mon père est décédé il y a six mois, et nous n'avons toujours pas pu récupérer le caveau familial. » « Il y a eu des travaux dans ma rue pour les branchements d'eau. » « J'habite le quartier de Manchester. Cela fait trente-cinq ans que je vis dans mon appartement. Un trois pièces. J'y ai tous mes souvenirs. Je suis l'une des dernières. Les voyous qui vendent de la drogue en bas me rendent la vie impossible, ils veulent que je déménage. » Boris Ravignon ne s'accorde aucune pause. Il essaie de s'en tenir à son objectif ambitieux : dix minutes par citoyen. Pendant ces échanges, il est totalement présent, concentré. Il écoute. Dans la moitié des cas, le sujet, c'est l'emploi. Recherche d'un stage, d'un contrat en alternance ou d'un travail. Il a parfois devant lui des personnes complètement perdues et qui, depuis trop longtemps, n'ont pas eu face à elles quelqu'un qui leur accorde de l'attention.

Il ferme la permanence en début d'après-midi après six heures non-stop, satisfait de l'opération. Nombreux sont ceux qui lui avaient dit que ça ne marcherait pas. Au contraire, c'est une réussite ! Boris Ravignon ouvre une nouvelle ère. Il vient de marquer un changement en imposant son style. Il sera un maire direct, humain, à l'écoute et qui n'hésite pas une seconde à mettre les mains dans le cambouis. D'ailleurs, il n'a aucun doute : la moitié de la ville se fait déjà l'écho de ce qui s'est passé ce matin avec le nouveau maire !

Cela étant fait, Boris Ravignon va s'attaquer sans tarder au deuxième volet de son plan. Prendre à bras-le-corps les chantiers qu'il souhaite mettre en place au cours de son mandat. Au menu ? Créer un campus étudiant, réimplanter des établissements d'enseignement supérieur à Charleville-Mézières et poursuivre la rénovation urbaine du centre-ville.

Le moyen de le faire ? Commencer par tâter le terrain du côté du maire socialiste de Sedan et voir comment ils peuvent s'entendre sur des projets communs au sein de la toute nouvelle communauté de communes créée il y a à peine trois mois. Justement, il a rendez-vous avec Didier Herbillon dès la semaine suivante.

5
RENCONTRE AU SOMMET

Sedan, 10 avril 2014

Sous un ciel bleu, Didier Herbillon parcourt en quelques minutes la distance qui sépare son bureau de maire de Sedan du restaurant Au Bon Vieux Temps. Sur le chemin, il salue habitants et commerçants. Il échange quelques mots avec eux, écoute leurs questions.

Mais il surveille sa montre. Aujourd'hui, c'est lui qui invite, pas question d'être en retard. Il connaît peu l'homme avec lequel il va déjeuner, même s'ils se sont déjà croisés plusieurs fois. Mais cette rencontre est, à ses yeux, décisive pour l'avenir de sa ville, et donc pour lui.

Didier Herbillon a été réélu maire quinze jours plus tôt face à un candidat divers droite. Une victoire de justesse au second tour, favorisée par le maintien de la liste Front national. La campagne a été dure. Dans ce fief historique du PS, l'élu de gauche a souffert pour conserver son poste. Mais le professeur au lycée des métiers de Bazeilles affiche sa fierté d'avoir, à tout juste 50 ans, conquis son deuxième mandat cette fois au suffrage universel.

Le chef Alain Leterme, un Ardennais dont la famille est aux commandes de cette bonne table sedanaise depuis trois générations, l'accueille avec son épouse qui gère le service en salle.

« Bonjour monsieur le maire ! lui lance-t-il. Bravo pour votre réélection ! »

Dans la salle aux fresques murales représentant la ville et les berges de la Meuse, les regards se tournent vers lui. Il est tout sourire.

« Merci Alain, je suis soulagé de pouvoir continuer le travail commencé. Mais il y a encore beaucoup à faire.

— Je vous offre une coupe de champagne, pour fêter ça ?

— Avec grand plaisir. À votre santé, Alain ! Vous nous avez installés dans le petit salon ?

— Oui. Comme convenu avec votre chef de cabinet. »

Le restaurateur le guide vers sa table située dans une petite pièce privée blottie entre la rue et la salle principale de l'établissement. Le chef est discret de nature mais il se risque à interroger le maire :

« Alors, qu'est-ce que vous pensez de Boris Ravignon ? lui demande-t-il en lui tendant le menu.

— On m'en dit plutôt du bien. Mais je ne le connais pas.

— Des clients me disent que ce sera peut-être lui, l'homme politique de dimension nationale dont nous avons besoin dans les Ardennes, avance le chef.

— Je ne suis pas loin de le penser également mais j'en saurai plus après ce déjeuner. »

Boris Ravignon est l'autre grand vainqueur du scrutin des municipales dans le département. Il a conquis « la capitale » Charleville-Mézières, bastion historique du parti à la rose. Cela fait des siècles que la rivalité entre Charleville-Mézières et Sedan empoisonne la vie des Ardennes. La première, bourgeoise et catholique, a pris le leadership administratif du département au détriment de Sedan, industrielle et protestante qui avait brigué sans succès la préfecture à sa création, en 1790. Depuis, les Sedanais n'ont cessé de jalouser leurs voisins. Mais la crise économique, le déclin industriel, le départ de plusieurs garnisons ont affaibli les deux cités qui étaient encore des villes riches au début du XXe siècle. Trois mois seulement avant les élections, la communauté d'agglomération de Charleville-Mézières-Sedan a été créée. Elle oblige les deux maires à faire route ensemble, à se parler rapidement. Cette nouvelle institution locale regroupe soixante-cinq municipalités. Elle héberge près de 50 % de la population ardennaise et l'écrasante majorité des emplois salariés. Surtout, elle a pris la main sur des dossiers stratégiques comme le développement économique, la politique de l'habitat, l'eau, les déchets, les équipements culturels et sportifs ou l'enseignement supérieur. Individuellement, chaque élu comprend évidemment l'intérêt d'avancer en rangs serrés. Il n'en reste pas moins que la gouvernance opérationnelle de ce nouvel ensemble, qui mélange toutes les couleurs politiques, reste à inventer.

Comment effacer plusieurs siècles de batailles et de jalousies ? Au soir du second tour, Didier Herbillon et Boris Ravignon se sont appelés pour se féliciter mutuellement. Et l'aîné a invité son cadet de onze ans à déjeuner, ce que ce dernier a accepté avec enthousiasme.

Un prof de gauche et un énarque de droite, un élu fidèle à sa ville et un haut fonctionnaire qui a commencé sa carrière dans les plus hautes sphères de la République : tout oppose a priori ces deux Ardennais issus de la classe moyenne, mais ils savent qu'ils vont devoir s'entendre pour piloter la communauté de communes. Quels seront leurs rôles respectifs ? C'est le plat principal de leur déjeuner de travail.

Boris Ravignon arrive rapidement. Alain Leterme interrompt son service pour l'accueillir. « Bonjour monsieur Ravignon, M. Herbillon vous attend. » Ce dernier vient au-devant de son invité. Les poignées de main sont fermes, mais les sourires encore un peu retenus.

« Bonjour Boris.

— Bonjour Didier.

— Encore bravo pour votre victoire, dit Herbillon.

— Je vous retourne le compliment », répond Ravignon qui se voit offrir à son tour une coupe de champagne. Ils trinquent avec le patron.

« Messieurs, m'autorisez-vous à vous proposer les spécialités du jour ? J'ai déjà dit à monsieur le maire que j'ai aujourd'hui de très belles coquilles Saint-Jacques que je peux vous cuisiner pochées au beurre blanc. Sinon, notre spécialité, c'est le pavé gratiné à l'orange et au Grand Marnier. En entrée, je vous recommande les huîtres de Saint-Vaast. Si vous êtes amateurs, bien sûr ! »

Une fois la commande prise, la discussion peut commencer. Le maire de Sedan joue d'emblée la carte de la coopération.

« Notre intérêt est de travailler ensemble, nous serons plus forts sur beaucoup de sujets. Qu'en penses-tu ? » lance Herbillon, qui bascule naturellement vers le tutoiement avec son interlocuteur.

La main tendue fait mouche auprès du jeune énarque convaincu que les divisions locales seraient suicidaires.

« Oui, travaillons ensemble, mettons fin aux querelles qui nous affaiblissent. Je te suis à 100 % sur cette ligne », répond-il, rassuré par la perspective d'une action commune qui marquera une rupture avec l'histoire des deux villes. « On ne peut plus s'en remettre aux aides venues de l'extérieur, continue Ravignon, nous devons mettre toutes nos forces sur la table et trouver des solutions innovantes. »

Les deux maires ne peuvent pas éviter plus longtemps le sujet qui fâche : qui va présider la communauté de communes ? Ils ont le pouvoir de le décider mais cela suppose qu'ils tombent d'accord entre eux avant le vote formel qui aura lieu le 15 avril. Sur le papier, le maire de Charleville-Mézières, la principale ville du département, est prédestiné au poste. D'ailleurs, c'est Philippe Pailla, le maire socialiste sortant de la ville, qui a occupé la fonction de président pendant les trois mois qui ont précédé les municipales. Lors du premier scrutin, il a battu son collègue sedanais Didier Herbillon, socialiste également mais candidat contre lui. La donne a changé. Affaiblie, la gauche vient de perdre plusieurs bastions locaux, dont la préfecture. Elle n'est plus en position de force. Le maire de Sedan pense tout de même se présenter. Mais il marche sur des œufs. Tout va dépendre de ce que veut faire Boris Ravignon. Pour l'instant, il ne sait rien de ses intentions.

« Il faut que nous décidions qui de nous deux sera président de la communauté avant le scrutin du mardi 15, s'avance Didier Herbillon. Ce sont des socialistes qui ont créé cette structure et je n'aurais rien contre l'idée d'occuper ce poste. Mais je ne m'imposerai pas. Tu diriges la principale ville du département, c'est donc à toi de décider. »

Boris Ravignon se raidit légèrement en entendant ces propos. Il s'était préparé à cet échange. Le déjeuner est cordial, le courant passe entre eux. L'union des deux hommes va bénéficier à leurs villes et au département. Ce n'est pas une raison pour s'endormir : son instinct politique lui commande de ne laisser aucun espoir à son nouvel ami. Le vrai pouvoir est en jeu. Et sans doute aussi sa carrière, qu'il imagine longue et ascensionnelle.

« La logique est en effet que l'agglo soit dirigée par le maire de la plus grande ville, réplique-t-il du tac au tac ; je suis maire de Charleville, je dois être président de la communauté. Les électeurs ne comprendraient pas qu'il en soit autrement. Mais ce que je te propose, c'est de travailler vraiment en tandem. Ce sera un exemple pour la population de nous voir agir ensemble. »

Le visage de son interlocuteur se détend. Herbillon n'a rien d'un apparatchik prêt à ferrailler jusqu'au bout de la nuit pour défendre sa place et ses idées. Il préfère toujours le consensus à l'affrontement. En l'espèce, déclencher une guerre au sommet ferait courir un grand risque aux deux villes et par contrecoup à l'ensemble des communes et des populations regroupées dans celles-ci. Il adhère immédiatement à cette solution, en pressentant que les avantages de cet accord seront bien supérieurs pour sa ville et ses concitoyens à ses éventuels inconvénients.

« J'adhère à ta proposition, Boris ! lance-t-il après un bref temps de réflexion. Mais ce qui me semble souhaitable, c'est que plusieurs postes de vice-président soient réservés à des élus PS. Cela renforcera cette démarche d'union aux yeux de toutes les communes et de la population. »

Ravignon a gagné sur l'essentiel. Il accepte donc immédiatement le deal proposé par son homologue :

« Tout à fait d'accord. Je pense même que nous devons aller encore plus loin : à partir de maintenant, prenons toutes les décisions de l'agglo ensemble. Nous allons former une équipe. »

Les deux maires établissent ensuite leur stratégie pour organiser la gouvernance de la communauté de communes. De longues tractations s'annoncent pour impliquer tous les maires des petites communes dans le projet sans fabriquer une usine à gaz ingouvernable. Avant de se quitter, ils listent également les priorités d'action du mandat qui s'ouvre. Ils veulent notamment stopper l'inquiétant déclin démographique qui frappe leurs villes et le département, créer un campus universitaire, sauver leurs hôpitaux, relancer l'activité touristique…

Tout doit être calé avant le vote. Les deux maires se serrent la main pour sceller leur accord.

Herbillon cherche maintenant le restaurateur des yeux.

« Alain, vous me préparez l'addition ?

— Bien sûr, monsieur le maire. Tout s'est bien passé ?

— Oui, merci, répond Boris Ravignon. Didier, c'est moi qui t'invite.

— Non Boris, tu es sur mes terres, tu es mon invité.

— Merci, mais dans ce cas, tu seras le mien la prochaine fois à Charleville. Déjeunons ensemble régulièrement.

— Avec plaisir ! »

Il est 15 heures quand les deux hommes quittent l'auberge, le sourire aux lèvres. Ils se sont tout dit ou presque. Ils font le même diagnostic de leur territoire en crise. Un vent nouveau souffle sur les Ardennes : ils ont décidé de mettre en commun leurs idées, et surtout leurs moyens pour tenter d'inverser le cours des choses. Ils laissent derrière eux les vieux clivages politiques, les rivalités stériles entre leurs deux villes. Ils ont pactisé pour faire la guerre ensemble. Leur bataille des Ardennes commence.

6
CHIRURGIE PLASTIQUE

Sedan, 8 mars 2016

Il est 8 heures du matin dans le quartier populaire du Lac. Le centre-ville et le château fort de Sedan sont à quelques centaines de mètres seulement. De petits groupes d'habitants se sont formés sur les larges trottoirs. Quelques journalistes patientent, appareils photo et caméras en main ; un drone survole la scène, la police municipale veille discrètement au grain. L'événement qui provoque cette agitation ? Une destruction qui s'annonce spectaculaire, décidée il y a plusieurs années, annoncée depuis plusieurs mois, retardée de plusieurs semaines. Cette fois, il n'y a plus longtemps à attendre. Le public retient son souffle. Derrière une palissade, une pelleteuse géante attend son heure. Elle est arrivée de Metz quelques jours plus tôt par convoi exceptionnel. Dotée d'une mâchoire impressionnante accrochée à un grand bras culminant à 43 mètres de haut, elle va s'attaquer à la tour Rubis, un immeuble HLM de treize étages qui a été vidé de ses occupants il y a des mois.

Le conducteur de l'engin se hisse dans sa cabine. Il met l'énorme moteur en route et amorce un lent mouvement vers le bâtiment. Telle la gueule d'un T-Rex, la grosse pince commence immédiatement à mordre sa proie en partant du sommet. Les spectateurs applaudissent au premier coup porté. Chaque fois que l'engin frappe, le bruit du choc fait penser à une scène de guerre. Les premiers débris font une chute de plusieurs dizaines de mètres. En touchant le sol, ils génèrent un nuage de poussière grise suffocante. Les uns après les autres, des appartements éventrés livrent ce qu'il reste de leurs secrets. L'émotion est forte, certains des anciens occupants ne peuvent retenir leurs larmes. Une habitante du quartier tient dans ses bras sa meilleure amie qui a vécu, heureuse, près de vingt ans dans un quatre pièces de la tour. Son mari l'avait quittée, ses enfants étaient partis mais elle s'y sentait bien. Nombreux sont ceux qui filment avec un smartphone cette part de leur vie disparaissant dans les décombres.

Raffaela Ippolito, 65 ans, fille d'immigrés italiens arrivés à Sedan en 1954, a habité dix-huit ans dans la tour. Elle assiste au spectacle avec un pincement au cœur. Une page de sa vie se tourne. Elle se souvient de ses voisins et du gardien, « un homme formidable ». C'est dans cette tour, mal entretenue et progressivement gangrenée par la petite délinquance, qu'elle s'est mise à son hobby préféré, la peinture. Elle se console en expliquant au journaliste de France 3 Champagne-Ardenne qu'elle a été bien relogée. « J'habite dans un appartement neuf qui me plaît énormément, explique-t-elle ; passer de 190 appartements à 28, cela change et, pour moi, dans le bon sens des choses. »

De l'eau au moulin de Didier Herbillon, le maire de Sedan, également présent sur les lieux avec une partie de son équipe municipale. L'élu ne pouvait pas rater ce moment décisif de son mandat, cette preuve tangible de la transformation de sa ville à laquelle il travaille depuis son entrée en politique, au siècle dernier. L'urbanisme, c'est son dada. Il y consacre toute son énergie depuis qu'il est entré au conseil municipal, en 1995. Il a donc été l'artisan numéro 1 du projet de réaménagement de ce quartier. « Tout cela participe d'une logique de rénovation totale de l'urbanisme de cette ville, il était temps, nous en avions besoin, se félicite-t-il. Nous en avions besoin pour les habitants, pour leur donner un cadre de vie plus qualitatif. »

Ce projet trouve ses racines, et son carburant financier, au début des années deux mille, quand Jacques Chirac était président de la République. Alors ministre de la Ville, Jean-Louis Borloo fait voter, en juillet 2003, une loi d'orientation qui donne notamment naissance à l'Agence nationale pour la rénovation urbaine, l'Anru. Ce texte permet de mobiliser et de garantir des financements pour moderniser et repenser la périphérie des villes. Il se concrétise rapidement par la signature entre l'État et les collectivités locales de quatre cents conventions. Les deux principales villes des Ardennes, Charleville-Mézières et Sedan, sont parmi les premières à s'engager dans cette voie. Pour elles, il y a vraiment urgence. Le département est frappé par la crise économique depuis le milieu des années quatre-vingt. Le taux de chômage y est un des plus élevés de France. Des quartiers entiers ont périclité.

À Sedan, Dominique Billaudelle, le prédécesseur de Didier Herbillon, signe la convention avec l'agence publique dès le 6 janvier 2006. Il veut s'attaquer en priorité au quartier de Torcy, situé à la pointe sud de la ville, à proximité de l'ancien site d'Usinor qui a employé jusqu'à 2 500 personnes avant d'être abandonné, au milieu des années soixante-dix, par le groupe industriel. Un avenant de février 2008, cette fois signé par Didier Herbillon car le maire est déjà très malade, détaille le réaménagement du quartier du Lac qui se concrétise aujourd'hui par la destruction d'une tour bâtie au début des années soixante-dix.

L'histoire de ce quartier est exemplaire du destin économique français de l'après-guerre. Territoire industriel très dynamique depuis le XIXe siècle, l'agglomération sedanaise prend toute sa part dans la reconstruction du pays et bénéficie à plein des Trente Glorieuses. Les entreprises embauchent massivement, attirant une première vague d'immigration venue d'Italie, d'Espagne et de Pologne. Très vite, les logements manquent. Les quartiers de Torcy et du Lac sont donc créés dans les années soixante-dix pour mieux accueillir ces familles. Pendant de longues années tout se passe bien. Le plein-emploi aidant, le mélange culturel entre les différentes populations ne rencontre aucun obstacle. Dans la tour Rubis par exemple, des Ardennais issus des classes moyennes et des fonctionnaires côtoient des immigrés en parfaite harmonie.

Et, dans les vastes espaces verts qui entourent les immeubles, tous les soirs après l'école, c'est la coupe du monde. Les jeunes se regroupent par nationalité et jouent au football. Ils rêvent de devenir joueurs professionnels, souvent au détriment de leurs études. La présence, en bordure du quartier du Lac, du stade Émile-Albeau où joue le club de Sedan, l'un des grands noms du ballon rond en France, n'y est pas étrangère.

Malheureusement ce scénario rose tourne court. En apparence, tout semble aller bien puisque l'immigration économique se poursuit, désormais en provenance du Maghreb. Mais la crise a commencé à frapper. Dans la deuxième partie des années soixante-dix, les premières usines ferment. Une, puis deux, puis trois… Usinor, le plus gros employeur de la ville, se désengage progressivement. Quant au secteur du textile, il vit ses dernières heures. Un malheur n'arrivant pas seul, les garnisons plient bagages les unes après les autres. En 1984, le 12e régiment de chasseurs est dissous. Huit cents militaires et leurs familles s'en vont. En peu de temps, Sedan bascule dans le camp des villes sinistrées, enregistrant ses premiers déclins démographiques. Des classes d'écoles et de nombreux commerces disparaissent.

Les nouveaux quartiers encaissent durement le choc. D'un seul coup, leurs habitants ne travaillent plus. Nombreux sont ceux qui se paupérisent et ne peuvent plus payer leur loyer. La délinquance prolifère, les voitures brûlent la nuit. Étalée géographiquement au fil du siècle pour coller à la carte des implantations industrielles, la ville se désunit désormais.

La tour Rubis devient l'épicentre des problèmes. Des femmes seules sans emploi ou retraitées y cohabitent avec des familles nombreuses dont les enfants sont désœuvrés. Ils ne jouent plus au football et préfèrent des joutes plus musclées avec la police.

En 2004, 4 500 personnes vivent dans le quartier du Lac. C'est une population jeune (40 % ont moins de 25 ans) et inactive (le taux de chômage dépasse 36 %). Et quand on est sans emploi, on le reste longtemps. Le terreau est fertile pour les activités « parallèles » qui mènent à la délinquance.

Le maire et l'Anru s'accordent d'emblée sur un point. Ce quartier mitoyen du centre-ville doit s'humaniser en se dédensifiant. En clair, le projet prévoit plus de démolitions que de constructions de logements sociaux : 395 (dont les 190 de la tour Rubis) anciens contre 131 nouveaux. Dès 2006, la tour Rubis est condamnée. Il faudra toutefois attendre dix ans pour que la décision soit exécutée. Ce 8 mars 2016, les choses sérieuses ont enfin commencé. Il était plus que temps. Dans l'intervalle, la délinquance et le trafic de drogue se sont enkystés dans le bâtiment, le transformant en zone de non-droit. Didier Herbillon tient une victoire politique avec la mise à terre de « ce symbole du dysfonctionnement des grands ensembles ». Et une revanche personnelle aussi.

Un soir de l'été 2014, vers 22 heures, peu de temps après son élection, il est appelé par un habitant qui se plaint de bagarres violentes se déroulant en bas de la tour entre bandes rivales sous l'emprise de l'alcool.

Excédé, le maire appelle la police nationale et lui demande de le rejoindre sur place. Mais il arrive avant elle et se fait agresser. Sa voiture reçoit une pluie de bouteilles. Il ne prend pas le risque de s'interposer et fait demi-tour. Avant que la police n'arrive enfin. Le genre de scène qui marque un maire.

Côté humain, la ville de Sedan et Habitat 08, l'organisme de HLM en charge de la tour, ont plutôt bien géré la situation. La majorité des habitants ont été prévenus très tôt et la plupart ont été relogés dans des constructions neuves à taille humaine. Plusieurs ont atterri dans des immeubles restaurés situés à l'entrée du centre historique. Un médiateur a fait le tour des locataires pour les informer, les aider dans le difficile choix du relogement. À chacun, il a proposé une sélection comptant jusqu'à cinq appartements. Certains mauvais payeurs en ont profité pour apurer leur passif. Seuls quelques irréductibles ont fait traîner les choses. Mais personne ne s'est opposé à l'obligation de quitter « la tour infernale », comme la décrit Bruno Lemoine, le directeur du centre d'action sociale situé à deux pas.

Au printemps 2016, les projets lancés sous l'égide de l'Anru prennent donc forme. Les deux quartiers les plus sensibles de la ville sont ainsi repensés de A à Z. Les chantiers, immenses et coûteux, sont en cours. Didier Herbillon a encore quatre années de mandat devant lui. Son objectif est désormais clair : il faut que tout soit terminé au moment des élections municipales de 2020. Même si l'emploi n'est plus au rendez-vous, la vie sera meilleure à Sedan. Le T-Rex qui détruit méthodiquement la tour Rubis est aujourd'hui son meilleur allié pour le démontrer.

7
LE FEU À L'HÔPITAL

Charleville-Mézières, 6 juin 2016

L'homme qui prend ses fonctions aujourd'hui à Charleville-Mézières est attendu comme le loup blanc. Nicolas Villenet, le nouveau délégué territorial de l'Agence régionale de santé (ARS), fait moins que ses 38 ans. D'un gabarit plutôt fluet, tout chez lui inspire le sérieux. Sa feuille de route va l'exposer rapidement à la lumière : il doit piloter la réforme du système hospitalier du département. Certes, devant tous ses interlocuteurs, cet ancien médecin urgentiste met en avant sa volonté d'écouter, de dialoguer, de mettre en valeur les compétences médicales des Ardennes ; mais dans les faits, il sait que sa popularité sera éphémère : des fermetures de lits et de services entiers, des rapprochements d'établissements découleront de son travail. Comme partout en France, toucher aux hôpitaux est explosif. Mais il n'a pas peur. Son patron à la Région Grand Est, Claude d'Harcourt, l'a assuré de son soutien. Une fois installé dans son grand bureau de la cité administrative, le Rémois d'origine se met au travail.

Il commence par prendre la température. Il fait le tour des interlocuteurs clés du secteur de la santé dans le département : élus, dirigeants des établissements hospitaliers, représentants du conseil de l'ordre… Une cinquantaine de rendez-vous pour tisser des relations de confiance et faire le bon diagnostic. Ou plutôt le corroborer car le docteur n'est pas arrivé dans la capitale ardennaise sans avoir une idée assez précise de l'état du système de santé local. Toutes les informations économiques de chaque établissement remontent à l'ARS.

Cette immersion dans les Ardennes lui apporte une confirmation sans appel : la situation est alarmante. D'un côté, les Ardennais ne sont plus assez bien soignés : les taux de mortalité liés au suicide, au cancer ou au diabète y sont les plus élevés de la Région Grand Est, la prévention est insuffisante, l'accès aux soins plus difficile qu'ailleurs en raison du déficit de médecins ; de l'autre, le système hospitalier pris dans son ensemble est lourdement déficitaire. Agir sur les deux fronts à la fois ne s'annonce pas simple.

Le délégué de l'ARS n'a pas le temps de tergiverser. Son premier chantier est d'élaborer un plan de performance et de le faire appliquer ensuite, aussi vite que possible, aux hôpitaux du département. Mais à une condition : comme les maires président les conseils d'administration de ces établissements, cela suppose qu'ils adhèrent à 100 % aux mesures proposées par ce plan. Or celles-ci seront souvent douloureuses pour ne pas dire insupportables. Obtenir un vote approbatif de chaque conseil municipal n'est donc pas acquis d'avance et le processus s'annonce aussi long que périlleux. D'autant que toutes les villes ne vont pas être logées à la même enseigne. Il est acté, par exemple, que l'établissement de Charleville-Mézières, plus grand et plus moderne, s'en sortira mieux que celui de Sedan dont la santé financière est vacillante. Le dossier ne présente donc pas le même enjeu pour Boris Ravignon que pour Didier Herbillon, les deux maires qui coopèrent au sein de la communauté de communes rebaptisée Ardenne Métropole depuis 2015.

Sedan, 10 mai 2017

Moins d'un an après son arrivée dans le département, Nicolas Villenet a rendez-vous avec le maire de Sedan et ses équipes. C'est une réunion importante mais pas encore décisive. L'ordre du jour ne comporte qu'un seul point : la présentation des différentes hypothèses du plan de performance pour l'hôpital de la deuxième ville ardennaise. Signe de l'enjeu, le délégué territorial n'est pas venu seul : il est accompagné des dirigeants de l'ARS de la Région Grand Est et des représentants d'Eurogroup Consulting, un cabinet de conseil spécialisé dans la santé, dont la mission est d'aider les différents intervenants à mettre en œuvre les mesures retenues. Dans la salle de réunion située au premier étage de sa mairie, Didier Herbillon les accueille. À ses côtés, le directeur de l'hôpital de Sedan, Jean-Pierre Mazur. Les deux hommes sont anxieux. Ils redoutent l'annonce de mesures trop dures qui condamneraient leur établissement.

Après un tour de table de présentations, le maire ouvre la discussion.

« Bonjour messieurs, mon équipe et moi-même sommes heureux de vous recevoir. Nous sommes évidemment très impatients de connaître les premiers résultats de votre travail, monsieur Villenet. Les Sedanais sont très attachés à leur hôpital. Après les années de déclin qui ont frappé leur ville, les nouvelles sont heureusement un peu plus favorables. La baisse de la démographie s'est ralentie. Il serait très malheureux que cette timide embellie soit remise en cause par un affaiblissement de l'offre de santé publique.

— Merci, monsieur le maire. Je vous remercie pour votre accueil. Ainsi que pour l'aide déjà apportée par vos équipes et celle de l'hôpital de Sedan dans le travail préparatoire du plan de performance. Nous sommes conscients des enjeux pour la ville et pour le département. Nous pensons vraiment qu'une meilleure organisation du système de santé ardennais aurait des répercussions positives sur la qualité des soins. Mais nous ne sommes qu'au début du processus. Je suggère de vous présenter les premiers résultats de nos analyses. Vous pourrez bien sûr les commenter librement. »

Les représentants du cabinet de conseil projettent un document PowerPoint dont le titre ne laisse place à aucune ambiguïté. *Plan de performance et de retour à l'équilibre*. Certes, il s'agit « de coconstruire » ce projet et de pratiquer « un discours transparent auprès de toutes les parties, personnel, direction, élus… ». Mais les mots utilisés sont souvent forts – « urgence de la situation » – et parfois lourds de sous-entendus –,

« des pistes déjà identifiées (réorientation capacitaire) pour contribuer à améliorer la situation financière ».

La discussion s'engage donc sur des bases plutôt musclées. Assez rapidement, le directeur général de l'ARS imagine les différents scénarios possibles. Parmi eux, figure celui de la fermeture de l'hôpital de Sedan qui perd de l'activité et pour lequel aucune évolution favorable n'est envisagée. Il risque de perdre longtemps de l'argent. « Si cela continue, il sera en danger », alerte Nicolas Villenet. Une autre solution envisagée serait de le spécialiser dans la gériatrie. Dans cette hypothèse, *exit* entre autres la maternité et les services de pédiatrie. Un chiffon rouge absolu pour Didier Herbillon. Perdre ce symbole de vie et presque tous les emplois qui vont avec serait une catastrophe. Même s'il sait bien que rien n'est encore décidé, l'élu monte immédiatement dans les tours. Il est rouge de colère.

« Si je comprends bien, nous perdons notre temps. Vous avez déjà pris votre décision : ce processus de concertation n'est qu'une mascarade, c'est finalement de la fermeture de notre hôpital qu'il est question. Cela n'est pas acceptable. Je ne serai pas le maire qui a cautionné ce coup terrible pour la ville. Dans ces conditions, je suis au regret de quitter immédiatement cette réunion. »

Mettant sa menace à exécution, il se lève et sort de la salle.

Stupéfaits, Nicolas Villenet et ses collègues de l'ARS viennent de comprendre que la partie sera serrée avec la ville de Sedan. Ils étaient venus pour déclencher un électrochoc, faire comprendre qu'il est urgent d'agir avec des mesures importantes. Mais ils n'avaient pas imaginé que Didier Herbillon réagirait aussi brutalement alors que les mesures les plus dures ne sont encore que des hypothèses de travail. L'homme politique a flairé un mauvais coup. Il s'est braqué. Une posture tactique ? Peut-être. Mais cela démontre que la réforme hospitalière ne sera pas facile à mettre en œuvre dans cette ville en crise.

8
CONCOURS DE CIRCONSTANCES

Charleville-Mézières, 30 août 2016

9 heures de matin à l'IUT de Charleville-Mézières. C'est encore l'été, les élèves et les professeurs ne sont pas rentrés de congés, mais il y a quand même un peu d'activité dans les couloirs de l'établissement. Dans une grande salle, Boris Ravignon, le maire de la ville, s'apprête à diriger lui-même un jury d'examen très spécial. Objectif : désigner, parmi cinq candidats, le cabinet d'architecture qui va réaliser le premier campus des Ardennes. L'enjeu est considérable pour le jeune élu. Ce projet est la pierre angulaire de son programme électoral. C'est un outil avec lequel il entend lutter contre la fuite des jeunes vers d'autres régions. Il en a fait lui-même l'amer constat avec ses camarades ardennais du même âge : en échangeant avec eux lors d'une soirée de fin d'année, il a été choqué de voir que tous allaient étudier ailleurs. C'est même ce qui l'a incité à se lancer en politique. Ce projet est aussi l'investissement le plus lourd de son mandat, près de 20 millions d'euros. Alors pas le droit à l'erreur.

D'autant que ce concours doit respecter la procédure tatillonne des marchés publics. Le moindre vice de forme et les recours des uns ou des autres peuvent bloquer le processus. Or le maire tient à ce que le campus voie le jour avant qu'il ne remette en jeu son mandat, en mars 2020.

Quatre ans pour relever le défi, c'est beaucoup et peu à la fois. Mener à terme un grand chantier en pleine ville n'est jamais une partie de plaisir. Des oppositions peuvent surgir à tout moment. Deux années se sont déjà écoulées depuis l'élection municipale. Elles ont été utilisées pour préparer ce concours, mais il ne faut plus perdre de temps.

Dès le lendemain de son intronisation, lors du conseil municipal du 4 avril 2014, Boris Ravignon s'est attelé à la tâche. Il a d'abord cherché à embarquer le maire de Sedan, Didier Herbillon. Facile : l'homme est enseignant et très mobilisé sur ces sujets. Il a dit oui tout de suite. Leur alliance pour gérer la communauté d'agglomération qui réunit leurs deux villes et toutes celles qui les entourent permet de faire porter le projet par cette jeune institution. Cela lui donne d'emblée une plus grande surface. Ensuite, le plus dur commence : il faut convaincre l'université de Reims, distante de quatre-vingts kilomètres seulement, qui aura la tutelle du campus, et surtout réunira les financements.

Dès le 17 juillet 2014, Boris Ravignon rencontre le président de l'université et ses équipes. « C'est dans votre intérêt que le site de Charleville-Mézières se développe, leur dit-il avec enthousiasme. Cela vous permettra d'attirer de nouveaux étudiants ! »

Comment ? En proposant des formations qui ne sont pas encore dispensées dans la capitale champenoise. Cette carte de la complémentarité est gagnante. Quelques mois de travail plus tard, l'accord définitif est scellé lors d'un déjeuner organisé à la brasserie Excelsior à Reims. Ils sont quatre autour de la table, Boris Ravignon, Didier Herbillon, le président de l'université et son vice-président.

Reste à régler l'épineux problème du financement. Le maire de Charleville-Mézières doit frapper à toutes les portes : le département, la Région, l'État… Le coup de pouce le plus important vient paradoxalement de François Hollande, le rival de Nicolas Sarkozy dont Boris Ravignon a été le conseiller pendant le quinquennat précédent. La réforme des Régions a abouti à la dissolution de l'entité Champagne-Ardenne dans celle du Grand Est en janvier 2016. Un mal pour un bien. L'aide apportée par l'élu de droite alsacien Philippe Richert, le premier président de la nouvelle entité, est portée à 4,5 millions d'euros. Le triple de celle promise par son prédécesseur socialiste Jean-Paul Bachy, pourtant ancien maire de Sedan…

Les deux élus ardennais sont ardents et malins. Ils espèrent pouvoir se tourner aussi vers l'État. Dans un premier temps, ce dernier se fait tirer l'oreille. Il estime que sa dotation à la nouvelle Région Grand Est prend en compte ce type de projets. Mais un nouveau coup de chance intervient. Jean-François Savy, ancien préfet des Ardennes, que Boris Ravignon connaît bien, est nommé à Reims en 2015 pour préparer la grande fusion des Régions. Les deux hommes vont mener ensemble ce qui ressemble à une négociation de marchand de tapis.

Le représentant de l'État a un souci, parmi d'autres, dans les Ardennes. Il doit rénover la ligne ferroviaire qui longe la Meuse entre Givet, à l'extrême nord du département, et Charleville-Mézières. Bien qu'elle ne soit pas majoritairement située sur le territoire d'Ardenne Métropole, il demande à Boris Ravignon de faire un geste pour finaliser cette modernisation. Après avoir obtenu le soutien de ses pairs, l'élu accepte d'apporter 950 000 euros. En retour, l'État promet de mobiliser un million pour le campus. Ce donnant-donnant ne lui coûtera pour finir que 50 000 euros.

L'argent est là. Place désormais au chantier. Et donc au concours pour sélectionner l'architecte qui en aura la charge. Le 26 avril 2016, le jury s'est déjà réuni longuement pour faire le tri entre les cent cinq prétendants, dont certains acteurs prestigieux de la profession, qui ont envoyé un premier dossier. Les cinq équipes retenues ont planché pendant deux mois et demi. Karine Arthus, une spécialiste de l'assistance à maîtrise d'ouvrage et management de projet, a été recrutée pour organiser l'opération.

C'est elle qui veille au bon déroulement de la dernière étape aujourd'hui à l'IUT. Dans le jury, quatre personnalités désignées par l'ordre des architectes de la Région Grand Est vont participer au vote avec les élus représentant Ardenne Métropole, le conseil départemental et la Région.

Boris Ravignon ouvre les débats.

« Bonjour à tous, nous avons aujourd'hui la redoutable tâche de sélectionner le meilleur projet architectural pour notre futur campus ardennais. Je vous rappelle les règles que nous allons suivre. D'abord, nous allons découvrir les cinq propositions en compétition. Elles seront anonymes et numérotées. Nous allons notamment valider que le cahier des charges est respecté. Ensuite, nous débattrons ensemble avant de procéder à un vote. J'insiste sur la confidentialité de notre démarche. Ce soir, nous connaîtrons le nom de l'agence choisie. Mais nous n'aurons pas le droit de le rendre public car une discussion sur le montant de ses honoraires devra se dérouler dans la foulée de notre réunion. »

Au début de l'après-midi, deux projets se détachent. Deux approches radicalement différentes. L'une propose d'édifier des bâtiments audacieux sur le plan visuel. L'autre mise plutôt sur l'harmonie avec les constructions qui entourent le campus. C'est finalement cette dernière qui est retenue.

Sans le savoir, les votants ont fait un choix local. Karine Arthus révèle à Boris Ravignon qu'il s'agit de Zoom Architecture, une agence de Charleville-Mézières créé par Jean-Marc Charlet, un Ardennais natif de Vouziers. Il l'emporte face à des grands noms du secteur comme l'Agence Chabanne… Un scénario idéal pour l'élu. Dans quelques jours, il va pouvoir dévoiler ce que sera le futur campus aux médias locaux. Quand il quitte l'IUT, il jette un long regard sur les terrains qui entourent le bâtiment. Il imagine déjà le paysage avec ses nouvelles constructions. Il a hâte de voir le campus sortir de terre.

9

LA COLÈRE DES SOIGNANTS

Sedan, lundi 12 mars 2018

Deux cent cinquante personnes manifestent bruyamment devant l'hôpital de la deuxième ville ardennaise. Ce sont des membres du personnel de l'établissement, infirmiers, aides-soignants, médecins, qui veulent soutenir leurs élus syndicaux au moment où ils rencontrent les dirigeants de l'ARS, dont Nicolas Villenet. Le fameux plan de performance qui doit redresser le système hospitalier ardennais n'est pas encore définitif mais on en connaît déjà les grandes lignes. L'hôpital de Sedan va devoir endurer un sévère plan d'économies. Et ses salariés n'en veulent pas. Signe de la gravité de la situation, Didier Herbillon, le maire, s'est glissé, revêtu de son écharpe tricolore, au milieu des manifestants, entouré de plusieurs élus de communes voisines. Il saisit un micro et harangue la petite foule. « Je vous remercie pour cette mobilisation qui est exemplaire. Le combat que nous engageons maintenant est un combat collectif. Ce n'est que collectivement que nous pourrons le gagner, au-delà de nos étiquettes politiques. L'important, ce sont nos populations, leur santé, leur droit à l'accès à la santé. Je n'accepterai pas que l'on démantèle cet hôpital. Aucun des scénarios que l'on nous présente n'est favorable. Je les combattrai tous. Ne lâchons rien, c'est notre mobilisation qui peut changer la donne. »

Le mouvement social a commencé un mois plus tôt. Après son premier coup de colère contre les projets de restructuration de l'ARS, Didier Herbillon a été rassuré sur un point essentiel : l'hypothèse de la fermeture de l'hôpital de Sedan est écartée. C'est son collègue de Charleville-Mézières, Boris Ravignon, qui l'a sorti de cette ornière. Il aurait pu tirer la couverture à lui et miser sur la naissance d'un grand hôpital ardennais dans sa ville, mais cela aurait entraîné une crise majeure entre les deux alliés. Il a donc insisté auprès de l'ARS pour le maintien d'une carte hospitalière équilibrée dans le département. Il a été entendu.

En contrepartie, les mesures d'économies imposées aux établissements s'annoncent salées. Le chiffre de 12 millions d'euros est évoqué. D'où la colère des salariés. Comment réduire encore des dépenses qui sont déjà rabotées depuis des années ? Dans certains services, les moyens ne suffisent plus pour faire face aux exigences du quotidien. Un comité de défense des hôpitaux de proximité des Ardennes s'est créé. Il n'a eu aucun mal à mobiliser. Claudette Moraine, la présidente du comité, résume l'inquiétude de ses collègues : « C'est surtout l'hôpital de Sedan qui sera touché, assure-t-elle au micro de la radio locale de

France Bleu ; on craint la fermeture du service de néonatalogie et le déclassement de la maternité. Et on ne garderait que la chirurgie ambulatoire. Sedan, c'est un bassin de 83 000 habitants puisque l'hôpital accueille des Meusiens. À l'avenir, s'il faut aller à Charleville-Mézières ou à Reims pour se faire soigner, ce sera très compliqué. »

La mobilisation contre la réforme s'amplifie de semaine en semaine. Le samedi 12 mai, le centre de Sedan est complètement bloqué. Près de mille personnes manifestent en rangs serrés dans la ville. Les députés des Ardennes décident donc de monter en première ligne. Bérengère Poletti, députée LR de Charleville-Mézières, a interpellé le gouvernement à l'Assemblée nationale le 17 avril sur l'avenir des petits hôpitaux dans les territoires ruraux ou à faible densité urbaine. Mais seule la secrétaire d'État aux Anciens Combattants était présente dans l'hémicycle pour lui répondre… Elle a demandé un rendez-vous au cabinet de la ministre de la Santé. Jean-Luc Warsmann, député Les constructifs, proche de La République en marche, a fait de même.

Confortés par le succès populaire du mouvement, les députés des Ardennes, escortés des maires Didier Herbillon et Boris Ravignon, doivent débarquer à Paris le lundi 14 mai dans l'après-midi. Ils ont rendez-vous avec un conseiller de la ministre de la Santé, Agnès Buzyn. Les élus ardennais ont prévu de prendre le contre-pied du plan et de réclamer plus de moyens financiers pour leur système de santé. Bérengère Poletti l'explique aux médias locaux.

« Pour les hôpitaux de Sedan et de Charleville, les enjeux sont très forts car il s'agit de réenclencher l'offre de soins, recruter des spécialistes et développer une attractivité ; or à chaque fois que l'on met en place un plan d'équilibre financier, on entre dans un cercle vicieux car on atteint cette capacité de recrutement des médecins. Il faut faire jouer l'aménagement du territoire, la solidarité pour les territoires en difficulté et il faut que les ministères mobilisent des moyens supplémentaires pour nos hôpitaux. »

Mais patatras ! Le rendez-vous est annulé à la toute dernière minute. « Un scandale », protestent les membres de la délégation. « C'est la première fois que je vois ça, regrette Bérengère Poletti dans les colonnes du quotidien *L'Ardennais* ; sous la droite, sous la gauche, jamais on ne nous a traités comme ça : annuler un rendez-vous le matin pour le soir même ! » Les grèves dans les transports sont la cause invoquée pour ces mauvaises manières. Heureusement, le rendez-vous est officiellement reporté au 28 mai. Pas idéal : cette nouvelle date tomberait après une réunion très importante du comité de pilotage du plan de performance programmée le 15 mai. Heureusement, celle-ci est aussi décalée au 30 mai. Fin du psychodrame.

Les Ardennais « remontent » donc à Paris deux semaines plus tard. À leur grande surprise, la réunion se passe bien. Les messages sont visiblement passés. Des garanties sont apportées par l'exécutif qui se veut apaisant. Le cabinet d'Agnès Buzyn promet que chaque emploi supprimé à l'hôpital de Sedan ou à celui de Charleville-Mézières sera compensé par la création d'un poste dans le secteur médico-social. Surtout, il assure que l'hôpital de Sedan conservera son service mère-enfant et sa maternité. C'est une première grande victoire pour Didier Herbillon qui, en revanche, commence à comprendre qu'il ne pourra pas conserver son service de cardiologie.

La réunion parisienne permet également de lancer une nouvelle idée. Puisque les deux hôpitaux partagent déjà le même directeur, pourquoi ne fusionneraient-ils pas sur le plan budgétaire ? Ils deviendraient ainsi une seule et même structure. Les participants s'accordent pour que, une fois le plan de performance validé et mis en œuvre, l'ARS lance ce nouveau projet.

Comme attendu, l'ARS présente ses arbitrages le 31 mai dans un communiqué émis à Nancy, où se trouve son siège régional.

Le communiqué fait explicitement référence à la réunion du 28 mai qui s'est déroulée au cabinet de la ministre. Les élus ardennais n'ont donc pas fait le déplacement pour rien. C'est officiel, l'hôpital de Sedan est sauvé ! Il conserve sa maternité, son service des urgences avec son Smur, et son centre de prise en charge de l'obésité de l'enfant avec même un financement complémentaire. En outre, la chirurgie ambulatoire et la pédopsychiatrie vont y être développées.

Parallèlement, la dimension dominante du plan de performance n'est plus la recherche d'économies. « Un plan d'actions concret pour l'attractivité médicale au sein de ce territoire » est décidé. De même, l'ARS Grand Est annonce qu'elle « accompagnera les établissements en finançant leurs investissements à la hauteur des réorganisations réalisées » (20 millions d'euros). Enfin, à l'échelle du département, des spécialités médicales comme la cardiologie, l'oncologie et la pneumologie seront renforcées.

Le 11 juillet, nouveau communiqué. Il confirme que le plan de performance est signé par le directeur des deux hôpitaux et par le directeur général de l'ARS Grand Est. Il doit s'appliquer sur une période de quatre ans.

À Sedan, la mobilisation se poursuit mais elle perd progressivement de son intensité. Il y a moins de monde dans les manifestations.

À la fin de l'été, Nicolas Villenet lance le chantier de la fusion. Mais un sujet le préoccupe. Que deviendront les petits établissements de Fumay et de Nouzonville à côté du poids lourd qui va naître ? Ces deux villes sont situées à une quinzaine de minutes de Charleville et Sedan. L'idée lui vient alors d'inclure ces hôpitaux dans le projet de fusion. Cela permettrait de faire quelques économies d'échelle et notamment de centraliser toutes les fonctions administratives. Il appelle son directeur général pour tester cette idée. Il obtient immédiatement un feu vert pour consulter les acteurs concernés. Tous approuvent rapidement.

Trois mois plus tard, le dossier est prêt. La procédure de validation du plan ainsi redessiné peut commencer. D'abord au sein de chacun des quatre établissements, où toutes les instances sociales doivent donner leur accord. Le CHSCT de l'hôpital de Charleville est le premier sur la liste. Au total, il faut vingt validations successives et cinq réunions formelles par site en terminant par le conseil de surveillance pour que la fusion soit entérinée. Sans compter les conseils municipaux, dont l'avis favorable est politiquement incontournable. Le délégué territorial de l'ARS a encore beaucoup de pain sur la planche.

10
MIRAGE ALGÉRIEN

Charleville-Mézières, 7 novembre 2018

Boris Ravignon s'est levé aux aurores dans son appartement de la place Ducale, un copier-coller de la place des Vosges parisienne. Quatre ans après son élection, la journée qui s'annonce devrait marquer l'histoire de Charleville-Mézières. Il accueille le président de la République, Emmanuel Macron, dans sa ville. Une vieille connaissance, en réalité : ils se sont rencontrés à l'ENA. Plus âgé, l'Ardennais avait deux promotions d'avance sur le Picard. Le destin fait parfois bien les choses, Ravignon a été le maître de stage de l'actuel chef de l'État. Cela crée des liens et il s'est démené avec succès pour que le président inscrive sa ville sur le parcours d'itinérance mémorielle de la guerre de 1914-1918, entamé à Strasbourg quelques jours plus tôt.

Il a fait valoir que les Ardennes ont été le seul territoire entièrement occupé pendant ce conflit et que le soldat ardennais Augustin Trébuchon, tué à Vrigne-Meuse quelques minutes avant la signature de l'armistice alors qu'il portait un message à son capitaine, est sans doute le dernier mort français de cette guerre.

La caravane présidentielle a donc longé la frontière nord-est du pays pour marquer cette pause dans les Ardennes. Mais comme on est mercredi, le président a eu l'idée de faire un deuxième geste symbolique : il a décidé d'organiser un conseil des ministres décentralisé qui doit se tenir à 10 heures à la préfecture des Ardennes. Macron et tous ses ministres à Charleville-Mézières, les forces de l'ordre et les personnels de la mairie sont sur le pied de guerre. Le maire joue gros, il faut que tout se passe bien.

Depuis chez lui, Boris Ravignon traverse la place Ducale pour rejoindre ses équipes à la mairie, transformée en bunker sécurisé pour cette occasion exceptionnelle : tous les dirigeants du pays vont y passer quelques heures aujourd'hui. Il fait un dernier point d'organisation avant de partir accueillir le président, qui a passé la nuit à la préfecture.

Emmanuel Macron a convoqué les élus locaux avant le conseil des ministres car il n'est pas venu les mains vides. Il souhaite les emmener faire un tour dans la commune des Ayvelles, voisine de Charleville, sur un site industriel de PSA appelé à fermer prochainement. Son objectif est d'officialiser l'arrivée d'un grand projet industriel étranger dans les Ardennes. Mille emplois pourraient être créés par le groupe algérien Cevital. Le président connaît bien Issad Rebrab, le p-dg de ce groupe, car c'est lui qui a repris l'entreprise d'électroménager Fagor-Brandt en avril 2014, quand Macron était conseiller économique de François Hollande à l'Élysée.

Ce projet serait évidemment une aubaine pour une région qui enchaîne les faillites et les sinistres économiques depuis plusieurs dizaines d'années. L'État ne peut pas tout mais quand son plus haut représentant visite les Ardennes, on s'attend à ce qu'il annonce quelques bonnes nouvelles.

« Bonjour Boris !

— Bonjour monsieur le président ! »

Emmanuel Macron et Boris Ravignon démontrent d'emblée une certaine complicité en laissant le langage protocolaire aux autres personnalités présentes, le député centriste Jean-Luc Warsmann, rallié au président avant l'élection de 2017, ou le préfet Pascal Joly par exemple.

« Bon, messieurs, allons-y. Boris, je crois qu'il est prévu que tu viennes avec moi, n'est-ce pas monsieur le préfet ? Faisons le chemin ensemble. »

Dix minutes d'intimité avec le président de la République, cela ne se refuse pas. Seuls le chauffeur et un garde du corps du président les accompagnent. Le véhicule escorté par des motards se dirige vers l'autoroute A 34. Le site de PSA ciblé par Cevital est situé au bord de cet axe routier qui relie la ville à Sedan.

« Comment ça va, Boris ? Je sais tout ce que tu fais pour ta ville et j'ai demandé au gouvernement de t'apporter un maximum de soutien. Je veux qu'on aide un département comme le tien à se relever.

— C'est un combat permanent mais les choses bougent, répond Boris Ravignon ; nous devons d'abord compter sur nous-mêmes, mais tout ce que l'État peut faire pour nous sera bienvenu. Merci d'avoir choisi Charleville-Mézières dans cette itinérance mémorielle, la ville et ses habitants y sont très sensibles. Ce projet Cevital est-il sérieux ?

— Oui, c'est une très belle entreprise, je fais confiance à Issad Rebrab. Il a tenu tous ses engagements lorsqu'il a repris le groupe Fagor, le sort de plusieurs usines implantées dans le Loiret, à Cergy-Pontoise et du siège de Rueil-Malmaison était en jeu. Mille deux cents emplois ont été sauvés. Issad va nous accueillir sur le site de PSA, tu pourras juger par toi-même. C'est un personnage qui compte en Algérie.

— Ce marché de la production d'eau ultra-pure semble avoir un gros potentiel.

— Oui, mais il nécessite des investissements très lourds. 250 millions d'euros doivent être mobilisés pour racheter le site à PSA et mettre en place l'outil industriel. Je pense que Rebrab, qui pilote le premier groupe privé algérien, a les reins assez solides pour mener à bien ce projet. Nous prendrons évidemment toutes les garanties pour qu'il n'y ait pas d'accident. »

À peine arrivé sur le site, le préfet en uniforme jaillit de sa voiture pour rester à proximité du président de la République. Issad Rebrab se dirige vers Emmanuel Macron. Les deux hommes tombent dans les bras l'un de l'autre.

Dans l'usine, de grands panneaux décrivent, schémas à l'appui, comment la production d'eau sera organisée. L'entrepreneur algérien présente à Emmanuel Macron les trois unités qui seront dédiées à la création d'eau pure, au dessalement d'eau de mer et au retraitement des eaux industrielles.

Les médias ont suivi le président à l'intérieur et captent le dialogue qui s'engage avec le patron de Cevital en présence des élus locaux.

« Les élus locaux sont extrêmement impliqués avec l'ensemble de l'écosystème économique et industriel que vous connaissez, explique le chef de l'État au patron algérien. Les services de l'État le sont tout autant. Donc maintenant on va vous aider, lui assure Emmanuel Macron avant de se tourner vers l'assistance qui boit ses paroles : Je connais M. Rebrab, quand il dit qu'il fait quelque chose, il le fait. »

En réponse, l'entrepreneur algérien flatte son auditoire : il vante les mérites des Ardennais.

« Les gens ici sont des grands travailleurs, ils sont très courageux et ce sont des battants. Nous sommes très encouragés par les autorités locales », ajoute-t-il, affable.

Le président de la République l'écoute avec attention. Mais il ne se contente pas de ces belles paroles.

« Nous, on a besoin de rapidité, c'est ce que veulent aussi tous les élus ; les gens ont besoin de voir les projets sortir. Il faut qu'en parallèle – c'est la discussion que vous avez entamée avec la Région –, on mette en place la formation des plus jeunes et des moins jeunes, en lien avec les branches professionnelles. Cela afin de pouvoir accélérer votre implantation. »

Avant de retourner à Charleville-Mézières, Emmanuel Macron pose devant les photographes avec les salariés de PSA encore présents sur le site. Tous peuvent à nouveau espérer y achever leur vie professionnelle grâce à ce nouvel employeur.

« Cela fait trente-sept ans que je travaille ici, j'ai connu toutes les mutations de l'automobile, témoigne Raphaël Gosset. Depuis trois ou quatre ans, on était au point mort, on patinait, on ne savait pas ce qu'on allait devenir. J'espère rester ici jusqu'à ma retraite, ce projet est superbe pour nous. »

11
RÉANIMATION

Sedan, 1er avril 2019

Ils ne sont pas très nombreux devant l'hôtel de ville de Sedan mais ils ne passent pas inaperçus sur cette place d'ordinaire calme et réservée au parking des voitures. Quand le maire, Didier Herbillon, arrive, un peu avant 18 heures, il est accueilli par un concert de klaxons et de cris hostiles. Les slogans fusent : « Non à la fusion des hôpitaux », « Accès aux soins pour tous et pour toutes partout », « Des moyens supplémentaires pour nos hôpitaux ». Le comité de défense des hôpitaux de proximité des Ardennes ne laissera pas passer son ultime chance de contester la fusion des quatre établissements hospitaliers du nord du département. Ce soir, le conseil municipal de Sedan est le dernier, après ceux de Charleville-Mézières, Nouzonville et Fumay, à statuer sur ce projet porté par l'Agence régionale de santé. Dans la foulée de ce vote crucial, l'arrêté donnant naissance au Centre hospitalier intercommunal Nord-Ardennes sera publié.

Didier Herbillon se fraie un passage au milieu des délégués syndicaux de l'hôpital. Il leur propose d'assister en silence, comme c'est la règle, aux délibérations du conseil. Tous se retrouvent donc sur les chaises réservées au public dans la grande salle du premier étage.

Le conseil commence enfin mais pendant plus d'une heure ils doivent attendre que la résolution numéro 11, soumettant au vote des élus le projet de fusion des établissements hospitaliers du Nord-Ardennes, soit débattue. Symboliquement, à cet instant, les opposants au projet se lèvent et brandissent leurs banderoles et leurs pancartes face aux élus. Les journalistes de *L'Ardennais* immortalisent la scène.

Didier Herbillon a conscience de l'importance de cette séquence pour l'avenir de son hôpital situé à seulement deux cents mètres de l'hôtel de ville. Président du conseil de surveillance de l'établissement, il est favorable à cette opération. Surtout depuis que son homologue de Charleville-Mézières, Boris Ravignon, lui a apporté son soutien total pour garantir le maintien d'une offre hospitalière de qualité à Sedan. Son conseil devrait le suivre mais il veut aussi donner du sens à cette approbation. Alors, dans un long exposé, il commence par rappeler le contexte de la politique nationale qui, depuis trente ans, cherche à concentrer l'offre hospitalière, ce qui favorise, selon lui, l'élu de gauche, la privatisation de la santé.

« Les petits hôpitaux de proximité ne sont pas mal gérés, ils sont victimes des conséquences de cette politique nationale, martèle-t-il ; plusieurs éléments impactent négativement le bilan financier de l'hôpital de Sedan : la tarification à l'acte et la baisse des tarifs hospitaliers défavorisent fortement les petits hôpitaux, qui touchent moins pour le même travail effectué.

Nos hôpitaux souffrent également de la démographie médicale : le nombre de médecins chute, de nombreux services manquent de praticiens. Enfin la population décroît, cela entraîne une baisse mécanique de l'activité. De ce fait, Sedan connaît un déficit récurrent de plusieurs millions d'euros, environ 6 aujourd'hui. »

Il prend à témoin les manifestants présents dans la salle :

« Je vois des panneaux qui réclament ce soir des moyens supplémentaires pour nos hôpitaux ; mais ce sont les députés qui ont le pouvoir de le décider en votant le budget de la nation, pas la ville de Sedan ! »

Le maire est persuadé que son action contre la fermeture de l'hôpital a permis d'éviter le pire.

« L'ARS a annoncé il y a un peu plus d'un an un plan de performance qui visait très clairement à fermer l'hôpital de Sedan, c'était parfaitement inacceptable. Nous nous sommes battus pour l'éviter. Nous sommes revenus autour de la table et il a été envisagé de fermer tour à tour la maternité, la pédiatrie ou les urgences : là encore, nous nous sommes battus. »

En fin politique, il donne un coup de chapeau aux salariés de l'hôpital qui se sont mobilisés depuis plusieurs mois.

« Nous nous sommes battus accompagnés par une très forte mobilisation. Je vois qu'elle n'a pas perdu de sa force aujourd'hui. Sans elle, l'affaire aurait tourné différemment. Cela nous a permis, à nous, les élus, de parler plus fort, plus haut, d'être mieux entendus. Cela a permis de sauver l'hôpital dans sa structure, même si rien n'est facile et s'il est amoindri par la perte de la chirurgie non programmée. Cela a permis, je l'espère, de le pérenniser. »

Le moment est solennel. L'hôpital de Sedan est sauvé mais sa tête sera désormais installée à Charleville-Mézières. Didier Herbillon doit ménager les salariés qui manifestent encore aujourd'hui leur mécontentement et leur inquiétude. Dans un an, il se présentera devant les électeurs pour briguer un troisième mandat. Il doit faire passer la fusion des hôpitaux si ce n'est pour une victoire, au moins pour un moindre mal. Pas si simple.

Après avoir remercié avec emphase les manifestants du comité de défense, il entame donc son plaidoyer en faveur de la fusion des hôpitaux.

« Il ne faut pas se cacher derrière notre petit doigt, le problème financier n'est pas réglé. D'où, je le crois, la nécessité d'une solidarité financière entre les quatre établissements concernés. Cette solidarité passe par la fusion des quatre hôpitaux, qui vont disparaître en tant qu'entités juridiques pour ne plus en former qu'une d'ici à quelques mois. »

Le maire égrène les mesures compensatoires obtenues. Il signale par exemple que la maison des internes a été rénovée, qu'un nouveau scanner a été installé à Sedan et que l'on peut désormais opérer les prothèses de hanche dans la ville.

« Je suis très vigilant sur l'application de ce plan de performance ; mais je crois vraiment qu'un établissement fusionné, plus gros de fait et qui ne crée pas de concurrence entre ses différents services, est fondamentalement plus attractif pour des praticiens et des internes. Nous recherchons des complémentarités et des économies. »

Didier Herbillon sait toutefois que le combat n'est pas terminé.

« Qu'il n'y ait demain plus qu'un seul établissement qui concerne un territoire de 200 000 habitants et qui ne peut plus être labellisé hôpital de proximité, c'est sans doute aussi une garantie de pérennisation de Sedan. Mais une extrême vigilance s'impose. Ne soyons pas naïfs, je ne suis pas certain que l'État s'apprête à débloquer des crédits considérables pour la santé, c'est sans doute tout le contraire qui s'annonce. »

C'est à ce moment qu'il met en avant un point crucial à ses yeux dans la gestion du dossier : le soutien apporté par Boris Ravignon.

« Le maire de Charleville avait une position plus simple que la mienne, il aurait pu totalement se désolidariser ; mais nous avons travaillé ensemble comme nous le faisons au titre de l'agglomération. Politiquement, il m'était très facile, très simple de vous proposer de voter contre cette fusion. Cela aurait été une position démagogique, non responsable. Car il y a des réalités. Elles ne sont pas contestables. Si demain il n'y a pas de solidarité financière, alors l'établissement sera très gravement menacé. »

Le moment du vote sur la résolution s'approche. La salle est silencieuse, tendue.

« J'émets ce vote favorable sous quatre conditions : la sanctuarisation de la maternité et de la pédiatrie de

Sedan ; le respect des engagements sociaux et en particulier le maintien de l'emploi tel qu'il est inscrit dans le plan de performance ; que les 20 millions d'euros promis par l'ARS soient investis uniquement dans nos hôpitaux ; enfin, je demande que l'engagement pris par l'ARS de rechercher les ressources médicales nécessaires à l'accès aux soins de nos habitants soit tenu dans les semaines qui viennent. Je vous propose donc un avis favorable mais sous conditions. Je mets cette proposition au débat. »

Quatre personnes demandent la parole. Toutes soulignent le sérieux et la sincérité du discours de Didier Herbillon. Une seule exprime un avis négatif. Bertrand Bonhomme, qui dirige l'Union pour les Sedanais, l'une des deux listes d'opposition.

« Je regrette que l'on ne donne pas la parole aux personnes qui sont présentes dans cette salle, qui ont fait l'effort de venir. Ce serait un minimum. »

Avant de passer au fond du dossier.

« Que peut-on faire ? Les responsables, ce sont nos gouvernants. On nous parle de fusion pour faire des économies. Mais l'hôpital de Charleville est, sauf erreur de ma part, aussi en perte, ceux de Fumay et de Nouzonville le sont également. Je lisais dans *Les Échos* que, dans le secteur privé, trois fusions sur quatre ne réussissent pas en France. Je ne vois pas pourquoi celle de nos hôpitaux réussirait. C'est courageux de votre part d'approuver ce projet mais nous voterons contre, même si nous avons bien compris votre démarche et noté les quatre conditions que vous posez. »

Didier Herbillon reprend la parole.

« Merci, monsieur Bonhomme. Je mets donc cette proposition adossée aux quatre conditions aux voix. Trois voix contre, pas d'abstention. Cet avis est adopté à la majorité du conseil municipal. Je vous en remercie. »

Immédiatement, les manifestants présents dans la salle se lèvent et replient leurs banderoles. Malgré ce vote qu'ils désapprouvent, ils s'en vont, silencieux. La séance s'interrompt le temps que le calme revienne.

Juste après le conseil, Didier Herbillon appelle Nicolas Villenet pour lui annoncer la bonne nouvelle. La longue consultation sur la fusion des quatre hôpitaux est achevée. L'arrêté de l'ARS l'officialisant sera publié dans les jours qui suivent. Dans huit mois, le 1er janvier 2020, elle deviendra réalité. C'est une nouvelle victoire pour le tandem Ravignon-Herbillon. Leurs deux villes avancent plus que jamais main dans la main.

12
PUTSCH À ALGER

Alger, 22 avril 2019

« La gendarmerie a arrêté ce matin Issad Rebrab, p-dg du groupe Cevital. Il est soupçonné de fausse déclaration concernant des mouvements de capitaux de et vers l'étranger, surfacturation, importation de matériel usagé en dépit de l'octroi d'avantages bancaires, fiscaux et douaniers. M. Rebrab sera déféré devant le procureur du tribunal de Sidi Mhamed, à Alger, immédiatement après la fin de son audition par le juge d'instruction. » Cette annonce de la télévision d'État algérienne fait l'effet d'une bombe. L'homme d'affaires qui contrôle le plus grand groupe privé du pays a été placé sous mandat de dépôt après dix heures d'audition dans le cadre des enquêtes anticorruption menées par la Justice Algérienne. Cette opération mains propres ne concerne pas que lui. Elle frappe plusieurs chefs d'entreprise et anciens dignitaires proches du président Abdelaziz Bouteflika, qui vient de démissionner. Le coup est rude pour les 18 000 salariés du groupe Cevital, mais c'est aussi une très mauvaise nouvelle pour les Ardennes. De gros nuages s'accumulent subitement sur le projet de transformation de l'usine PSA. Rebrab est l'homme qui porte le projet. Sans lui, il devient pour le moins aléatoire.

« Inquiétudes dans les Ardennes après l'arrestation du patron de Cevital en Algérie », titre *L'Ardennais* le lendemain. Le désarroi s'empare des décideurs locaux. « Je ne cache pas mon inquiétude, lâche Géraud Spire, le président de la chambre de commerce. On savait que le risque existait car Issad Rebrab est mêlé de près à la politique algérienne. C'est lui le véritable décideur du groupe et il s'est particulièrement impliqué dans ce projet d'implantation d'usine. » Pour sa part, Boris Ravignon se veut rassurant. « Le groupe Cevital est puissant et organisé. Le projet industriel n'est pas à la merci d'un événement de ce type. Il n'est pas juste celui d'Issad Rebrab, mais celui de Cevital. À ce stade, rien n'est modifié. »

Deux jours plus tard, l'Ardennais Kamal Benkoussa, qui est aussi le conseiller du patron algérien, rompt le silence de l'entreprise. Il affirme que le projet reste programmé à l'horizon de la fin de l'année 2019. « Il ne s'agit ni d'une arlésienne, ni de faux espoirs donnés aux Ardennais. Les discussions avec le site de PSA sont en cours de finalisation. Les événements actuels ne remettent absolument pas en cause ce projet. »

Au fil des semaines, le doute gagne toutefois du terrain. La détention du p-dg de Cevital dans la prison d'El-Harrach se prolonge malgré ses demandes de remise en liberté.

Deux mois après ce coup de théâtre, un conseil de l'agglomération d'Ardenne Métropole présidé par Boris Ravignon se déroule pour statuer, comme si de rien n'était, sur les modifications des plans locaux d'urbanisme nécessitées par ce grand projet industriel. L'assemblée les approuve à l'unanimité mais le débat s'engage sur les conséquences de l'arrestation d'Issad Rebrab.

L'un des leaders de l'opposition, le communiste Sylvain Dalla Rosa, s'inquiète ouvertement : « La révolution en Algérie nous éclaire sur la nature de l'entreprise, soupçonnée de corruption et de fraude fiscale. » Pas question, selon lui, de risquer des fonds publics dans un dossier aussi flou.

Boris Ravignon a l'habitude de répondre point par point à son adversaire. L'élu se risque à la géopolitique. « Attention aux informations qui émanent du pouvoir algérien, explique-t-il ; on ne sait d'ailleurs même pas qui dirige ce pays actuellement. » Et il ne souhaite fermer aucune porte pour sauver cette implantation industrielle. « Si les choses finissent par s'éclaircir, on sera contents de ne pas avoir laissé échouer cette opportunité extrêmement intéressante pour notre territoire. »

La communauté d'agglomération va rester longtemps dans le flou. Les mois passent, la situation du chef d'entreprise ne se débloque pas. Le projet est au point mort. Emmanuel Macron doit se résigner : il ne peut intervenir dans la situation politique algérienne. Petit à petit, les acteurs locaux perdent confiance.

Le 1er janvier 2020, l'homme d'affaires condamné à dix-huit mois de prison dont six ferme est enfin libéré.

Il a nié les faits qui lui sont reprochés mais il est jugé coupable : ses sociétés doivent payer plus de 10 millions d'euros d'amende.

Libéré, Issad Rebrab assure dans un premier temps qu'il maintient son intention d'investir dans les Ardennes. Un seul problème : l'ouverture de l'économie algérienne qu'il appelle de ses vœux n'est plus d'actualité. Les mouvements de capitaux à l'international sont entravés, réussir l'opération devient mission impossible.

Obstiné, Boris Ravignon veut encore y croire. « On n'a pas le droit de désespérer avant d'avoir tout essayé. » Mais pour une fois, il doit constater son impuissance…

13
COUP DE JEUNE

Charleville-Mézières, 13 septembre 2019

Il fait beau, des musiciens jouent des airs endiablés, un tapis rouge est déroulé pour accueillir les invités. Ils sont très nombreux : élus, dirigeants d'associations, représentants de l'État, étudiants, chefs d'entreprise… Les forces vives ardennaises ne veulent surtout pas rater l'inauguration du campus Sup Ardenne, implanté au cœur d'un quartier résidentiel au sud de Charleville-Mézières, pas très loin de l'échangeur autoroutier qui aiguille la circulation en provenance de Paris et de Reims vers la Belgique ou vers Sedan. Il y a de la gaieté dans l'air au moment de fêter ce symbole inespéré du renouveau de leur territoire, frappé par les difficultés depuis les années soixante-dix.

Sur ce vaste espace vert de quatre hectares, trois nouveaux bâtiments, dont « la maison du campus », destinée à la vie commune des étudiants, ont été construits, comme prévu, en deux ans seulement. Un seul incident a freiné l'avancement des travaux. La décision de fermer définitivement un boulevard qui traversait le site a déclenché la colère des riverains et des commerçants inquiets de perdre des clients. Le 6 juin 2018, ils ont organisé une manifestation relayée par le journal *L'Ardennais*. Le calme est heureusement revenu après de nombreuses réunions de concertation. Accompagné de Jean-Marc Charlet, l'architecte, le maire a notamment fait valoir que ce vaste parc arboré serait également accessible aux enfants du quartier.

Les délais ont été tenus, le budget respecté. Un motif de satisfaction supplémentaire pour celui qui porte ce projet depuis plus de cinq ans. Ceint de son écharpe tricolore de maire, Boris Ravignon accueille ses hôtes de marque avec un large sourire : le préfet, Pascal Joly, le président du conseil départemental, Noël Bourgeois, et même celui de la Région Grand Est, Jean Rottner, venu de Strasbourg pour l'occasion. Une petite délégation se forme à laquelle se greffe Géraud Spire, le président de la chambre de commerce et d'industrie des Ardennes. Elle sillonne le nouveau campus verdoyant et vallonné. Sur les murs du gymnase, des étudiants terminent une fresque très colorée. Les hommes politiques sont invités à y laisser leur signature. Ils le font avec plaisir.

Le maire de Charleville rayonne. Pour marquer le coup, il a préparé un discours fleuve. Il ne cache pas son émotion ni sa fierté d'avoir tenu l'une des principales promesses de sa campagne.

« Ce n'est pas dans mes habitudes, mais il risque de m'être difficile de trouver les mots pour m'exprimer aujourd'hui. Tant les sentiments que suscite en moi l'ouverture de notre campus Sup Ardenne sont forts. Tant l'émotion de ce matin est vive. Je ressens tout d'abord de la gratitude, une profonde gratitude à l'égard de ceux qui ont permis à ce magnifique projet de naître, de grandir et de se réaliser. »

D'où l'hommage appuyé de Boris Ravignon à celui qui est devenu son ami au fil des années : en travaillant ensemble dans le cadre de la communauté d'agglomération, les deux élus ont fédéré toutes les forces politiques locales autour du projet.

« Qu'il me soit permis de remercier mon collègue, Didier Herbillon, maire de Sedan et premier vice-président de notre communauté d'agglomération, en charge de l'enseignement supérieur. Il est aujourd'hui absent. Je sais qu'il aurait été si heureux d'être des nôtres pour dire la chose suivante : si Ardenne Métropole n'avait servi qu'à faire aboutir ce projet de campus, elle aurait déjà largement démontré son utilité. »

Boris Ravignon tourne maintenant son regard vers Guillaume Gelle, le président de l'université de Reims, installé au premier rang pour l'écouter.

« L'université de Reims, c'est notre université. Je suis très reconnaissant au président Gelle d'avoir non seulement compris notre ambition d'un développement de l'enseignement supérieur dans les Ardennes, mais de l'avoir accompagnée, depuis le début, avec une grande intelligence et une grande bienveillance. Nous partageons l'idée que le développement universitaire ardennais est une vraie chance pour l'université de Reims, que ce site est un excellent complément des sites rémois, que le campus Sup Ardenne est le meilleur endroit possible pour intensifier la coopération universitaire transfrontalière avec la Belgique et le Luxembourg et qu'en faisant tout cela ce campus contribue à l'attractivité globale de l'université de Reims Champagne-Ardenne. »

Le maire remercie ensuite le président de la Région Grand Est, qui, « en apportant le quart des ressources nécessaires, a véritablement permis au projet de se réaliser ».

En conclusion, il tient surtout à donner un sens politique à cette inauguration.

« Face aux jeunes filles et aux jeunes gens ici rassemblés, face aux forces vives de l'économie ardennaise qui nous font l'honneur de leur présence, et en songeant à tous nos concitoyens, je ressens également un sentiment profond de responsabilité. Car les difficultés que connaît aujourd'hui notre territoire, et les défis qui nous attendent demain nous imposaient d'agir. J'ai toujours refusé de considérer comme une fatalité que pour réussir les jeunes Ardennais doivent s'expatrier.

Partir étudier ailleurs… du moins pour ceux qui le pouvaient, pour ceux dont la famille avait les moyens de financer ce départ. La faiblesse de l'offre d'enseignement supérieur dans les Ardennes a longtemps eu pour terrible conséquence de décourager la poursuite des études, sur le plus mauvais critère qui soit : la capacité financière des parents. »

De fait, le pourcentage de diplômés de l'enseignement supérieur dans les Ardennes est inférieur de dix points à la moyenne nationale, 18 % contre 28 %.

« Notre réponse collective et responsable, c'est la création du campus Sup Ardenne aujourd'hui, et ce doit être demain le développement continu de l'offre de formations dans les Ardennes. »

Et de conclure sur un message qui sonne comme un hymne au redressement de son département.

« Le sentiment le plus fort et le plus précieux qui m'habite aujourd'hui, c'est l'espoir. L'espoir que l'esprit de coopération et d'unité dont ce projet a été l'exemple continue à prévaloir demain sur tous les sujets stratégiques pour notre département. L'espoir que les Ardennes, qui furent jadis le fer de lance de plusieurs révolutions industrielles, reviennent résolument dans la course de la révolution numérique actuelle, en investissant dans la connaissance et l'innovation, comme nous le faisons ici. »

De très longs applaudissements ponctuent la déclaration du maire de Charleville-Mézières. Interrogé par une télévision locale, Boris Ravignon est encore sur son petit nuage.

« Ce campus c'est un départ, pas un point d'arrivée, confirme-t-il. On a tous envie de redevenir étudiant quand on y entre, ça donne envie ! C'est le début de quelque chose, pour que chaque jeune dans les Ardennes trouve sa place sur le marché du travail et pour que les entreprises trouvent plus facilement les qualifications dont elles ont besoin dans le combat qui les attend. Le pari qu'on fait, c'est que ça va tout changer pour notre territoire. »

Les habitants de la région semblent adhérer à cette idée. Pendant la journée portes ouvertes qui succède à cette inauguration, le samedi 14 septembre, ils viennent en très grand nombre visiter le nouveau site. Boris Ravignon peut savourer. La campagne pour sa réélection lors des municipales de 2020 pourra s'appuyer sur ce succès. Il a tenu parole.

TROISIÈME PARTIE

LE TRIOMPHE DES IDÉES FOLLES

1
RECHERCHE HÔTELIER

Paris, septembre 1998

Les deux hommes sont un peu tendus ce matin de septembre 1998 lorsqu'ils arrivent à leur rendez-vous rue de Bercy, à Paris. Didier Herbillon, alors âgé de 34 ans, premier adjoint au maire de Sedan, en charge du tourisme et de l'aménagement urbain, et Jérôme Dablain, directeur de l'office de tourisme de la ville, ont quitté les Ardennes très tôt. La petite délégation qu'ils conduisent arrive tout droit de la gare de l'Est. À peine le temps de prendre un petit café salvateur et tout le monde s'engouffre dans une agence de voyages installée au cœur d'une galerie commerciale qui jouxte la gare de Lyon. C'est le point d'accès aux bureaux de la société spécialisée dans la transformation de bâtiments historiques en hôtels France Patrimoine. Des visiteurs venus des plus belles régions de France se succèdent dans ces lieux sans charme. Mais très peu d'entre eux repartent le sourire aux lèvres.

Les deux Ardennais ont donc vraiment la boule au ventre. Certes, les dirigeants de cette entreprise croisés dans un salon professionnel consacré au tourisme ont déjà manifesté de l'intérêt pour leur projet. Mais comment leur territoire en crise, si peu tourné vers le tourisme, réussirait-il à convaincre des investisseurs exigeants ? Sedan, la ville industrielle devenue l'ombre d'elle-même, peut-elle trouver de nouveaux filons économiques ? Ils y croient et depuis longtemps, avec la foi du charbonnier. Ces derniers jours, ils ont peaufiné la présentation de leur projet fou : installer un hôtel de luxe au cœur du château fort de Sedan. Le modèle vient d'Espagne où une centaine de châteaux, les fameux *paradores*, ont été convertis avec succès en palaces. Cette idée née au début du XXe siècle n'a pas encore franchi les Pyrénées, même si beaucoup d'élus y ont songé ou en rêvent encore. En France, les exemples de conversion se comptent sur les doigts d'une main.

L'un des seuls acteurs économiques crédibles engagés dans cette voie, c'est justement France Patrimoine. L'entreprise vient d'ouvrir trois établissements dans des sites historiques, le couvent royal de Saint-Maximin-la-Sainte-Baume, dans le Var, l'abbaye de Fontevraud, près de Saumur, et l'abbaye de Sorèze, dans le Tarn. Ses deux fondateurs, François de Laurens Castelet, président, et Régis Glorieux, directeur général, veulent constituer un petit groupe d'une dizaine d'établissements répartis dans toute la France. Il faut beaucoup d'audace pour se lancer dans des montages financiers souvent complexes, et beaucoup de passion. Mais au moment de plonger, ils n'oublient pas de faire et refaire les comptes. Résultat : ils ne plongent pas souvent. Leurs visiteurs du jour vont bientôt l'apprendre, ce sont de redoutables négociateurs qui cherchent à gagner de l'argent et ne lâchent rien face aux architectes des bâtiments de France ou aux responsables des commissions de sécurité qui se dressent souvent devant eux. François de Laurens Castelet lance la discussion.

« Bonjour messieurs, nous sommes très heureux de vous accueillir dans nos bureaux. Vous vous en doutez, nous recevons beaucoup d'élus, de personnes privées, qui rêvent de transformer leur monument en hôtel, en Normandie, en Bretagne ou dans le Sud. Nous regardons tous les projets avec attention car notre objectif est bien de faire revivre des joyaux du patrimoine français en les transformant en hôtels. Mais je me dois de vous prévenir, nous sommes très sélectifs. Nous sommes fiers des trois établissements que nous avons déjà créés, mais pour en ouvrir trois nous avons étudié des dizaines de dossiers. Sedan n'est pas une destination qui va de soi mais ce château fort semble avoir pas mal d'atouts. Dans tous les cas, nous vous promettons une réponse rapide, qu'elle soit positive ou négative. »

Régis Glorieux prend le relais. Il est le patron opérationnel de l'entreprise, c'est lui qui ira sur le terrain si une suite favorable doit être donnée au projet ardennais.

« Un site doit remplir quatre conditions incontournables pour nous intéresser. D'abord, il faut que le bâtiment en vaille la peine, ses caractéristiques historiques et patrimoniales doivent être remarquables ; ensuite, il faut qu'il soit situé dans un emplacement géographique susceptible d'attirer facilement des clients, français ou étrangers ; par ailleurs, sa taille doit permettre de créer une cinquantaine de chambres, chiffre en dessous duquel il est vain d'espérer être rentable ; enfin, il faut qu'une activité culturelle soit présente dans le lieu. À vous de nous dire si le château fort de Sedan répond complètement ou partiellement à ces conditions. »

Didier Herbillon représente la Mairie de Sedan. Leader du groupe, il donne la dimension globale et politique du projet. En tant que professeur de tourisme au lycée des métiers de Bazeilles, juste à côté de Sedan, il connaît son sujet à fond et a bien préparé sa présentation. Mais pour une fois, c'est lui qui passe l'examen. Il a donc un peu le trac.

« Tout d'abord, merci de nous recevoir. La ville de Sedan connaît, vous le savez sans doute, des heures très difficiles : l'industrie qui a fait sa force depuis deux siècles est mal en point et les régiments ont quitté la ville. Mais le maire, Jean-Paul Bachy, qui m'a chargé de vous transmettre ses salutations, et tout le conseil municipal sont convaincus que son magnifique château fort constitue un atout touristique très mal exploité aujourd'hui. Nous voulons le faire revivre. Si vous le permettez, nous avons préparé une présentation qui vous aidera à mieux comprendre notre projet. »

Jérôme Dablain distribue plusieurs exemplaires d'un document relié d'une cinquantaine de pages.

« Pour commencer, je vous propose de remonter dans l'histoire : ce château médiéval date du XVe siècle. Sa construction, décidée par les princes de La Marck, a débuté en 1424. C'est le plus grand de son genre en Europe, avec 35 000 mètres carrés de superficie sur sept étages et avec des murs de plus de sept mètres d'épaisseur. Sa fonction a toujours été double : être une forteresse imprenable et une résidence princière de luxe. Il surplombe la Meuse et le centre historique de Sedan, et témoigne de l'architecture militaire et de la fortification qui garantissait l'indépendance de la petite Genève du Nord à l'époque des guerres de Religion. Il a été retourné à la Couronne française en 1642 par La Tour d'Auvergne, prince de Sedan, qui cherchait à sauver sa tête après avoir comploté contre Richelieu et Louis XIII. Comme vous le savez peut-être, les Ardennes ont été très marquées par les grandes guerres. À chaque fois, les Allemands se sont installés chez nous. Ces moments sont gravés au fer rouge dans la mémoire des Sedanais. Mais la bonne nouvelle, c'est que le château a plutôt bien résisté à ces traumatismes de l'histoire. Comme vous pouvez le voir sur ces photographies, toute la partie qui jouxte la ville est globalement en bon état.

— Il est en effet très impressionnant, et semble bien conservé, note Régis Glorieux. De quand date son classement aux monuments historiques ?

— Nous y venons, monsieur Glorieux, lui répond Didier Herbillon. Le château a été la propriété de l'armée française pendant plus de trois siècles. Mais en 1962, la ville de Sedan l'a racheté pour un franc. À ce moment-là, on a évité de justesse un drame absolu puisque le conseil municipal de l'époque a voté à seulement une voix de majorité contre sa destruction. En lieu et place, une partie des élus souhaitait sérieusement construire un centre commercial ! Enfin, quand je dis sérieusement, je ne sais pas si c'est le bon mot…

— Incroyable, quelle folie ! »

Régis Glorieux commence à se passionner pour cette histoire hors du commun.

« La suite est plus heureuse, poursuit Didier Herbillon. Le château a été classé monument historique en 1965 et sa rénovation a pu commencer. Elle s'imposait à tous égards. Mais le chantier est immense. Certaines parties de l'édifice sont bien conservées, notamment celles qui étaient utilisées par l'armée. D'autres demandent une très grande attention, voire sont carrément dangereuses.

— Quel est votre projet touristique ?

— La Ville veut en faire un grand pôle d'attraction. Nous ciblons aussi bien les habitants de la région que ceux des pays européens voisins. Les boucles de la Meuse et la magnifique forêt ardennaise sont à deux pas. Le château fort est d'une richesse historique exceptionnelle, nous comptons bien le rendre visitable. »

Les Français ont surtout entendu parler de la cité ardennaise par l'intermédiaire de son club de football. Dans les années cinquante et soixante, le CSSA Sedan a gagné deux fois la Coupe de France et le championnat de France de division 2. Pourtant le château fort est imbriqué dans la ville, il est de toutes les photos, de toutes les cartes postales. Les élus se battent encore pour relancer le club mais ils songent de plus en plus à jouer la carte du tourisme ; et à Sedan, le tourisme, c'est d'abord le château fort.

« Recevez-vous des aides de l'État et de la Région pour mener à bien cette restauration ?

— Oui, depuis qu'il est classé, le château est éligible à un certain nombre d'aides. Notre projet n'aurait aucune chance sans elles. Nous voulons faire deux choses principales : d'abord développer un grand programme de visites et de loisirs dans l'enceinte du château – Jérôme Dablain vous en parlera mieux que moi, il en est l'initiateur et l'animateur. Nous avons déjà créé un historium qui raconte la vie au Moyen Âge. Et cette année, en mai, nous avons organisé autour de la forteresse la troisième édition du Festival médiéval de Sedan. Mais nous avons d'autres idées… Si vous venez le visiter, vous verrez que la place ne manque pas dans le château pour laisser libre cours à l'imagination. C'est un dossier que je connais bien, car j'y travaille personnellement depuis que je participe comme administrateur à la vie de l'office de tourisme de la ville. Le potentiel de notre château fort est gigantesque.

— Qu'avez-vous prévu en matière d'offre de restaurants ? »

Jérôme Dablain prend le relais de l'adjoint au maire.

« Il est bien sûr important que les visiteurs puissent déjeuner sur place en famille. Nous avons déjà un bar qui propose quelques produits régionaux à des prix accessibles. Si vous regardez le plan, il est situé dans la cour principale, à droite de l'entrée des visiteurs dans le château fort. Mais le vrai enjeu, et c'est pour cela que nous sommes venus vous voir aujourd'hui, c'est l'ouverture d'un hôtel-restaurant dans l'un des bâtiments du château. Dans l'idéal, il devrait avoir deux tables, un bistrot-brasserie et un restaurant gastronomique. Comme Sedan manque cruellement d'hôtels, nous aimerions que naisse chez nous un vrai *parador* à la française. Nous aimerions que ce soit un hôtel plutôt luxueux pour répondre aux attentes de la clientèle d'affaires et attirer des touristes aisés venus d'Europe du Nord, par exemple les Belges et les Néerlandais qui pourraient y faire une halte gourmande et culturelle sur la route de leurs vacances au sud.

— Les équipes municipales précédentes ont étudié plusieurs projets pour rénover le château, renchérit Didier Herbillon, dont celui d'en faire un musée d'art sacré ou un centre de manèges forains. Mais pas celui d'un hôtel. En prenant en charge ce dossier à la Mairie, j'ai constaté que le château est déjà un bon produit touristique, qui attire autour de trente mille visiteurs par an ; je me suis donc dit que l'on pouvait répondre à un véritable besoin avec la création d'un hôtel. »

Le jeune élu de Sedan et son collègue de l'office de tourisme ne cachent pas leur enthousiasme.

« Un hôtel au cœur d'un château fort : ne croyez-vous pas que ce serait une grande première en France ? »

Régis Glorieux ne leur donne pas tort.

« Nous avons passé la France au peigne fin, le plus souvent les hôtels sont installés comme à Chambord à côté du château ou comme à Carcassonne au pied des remparts. Il y a également une multitude de châteaux, petits et grands, transformés en maisons d'hôtes. Je pense que vous avez raison, ce serait une grande première. Mais dans quelle partie de ce château fort un hôtel pourrait-il être installé ? Sous les remparts, avec vue sur la ville ?

— Non, les parties historiques, celles des remparts comme le donjon, ont vocation à demeurer des espaces dédiés aux visites du public, répond Didier Herbillon. En revanche, il y a une autre très belle possibilité. Jérôme va vous la présenter.

— En effet, merci Didier. Pour répondre à votre question, un autre retour en arrière s'impose. Vous allez comprendre que le château fait partie de la grande histoire de France. En 1642, Louis XIII fait emprisonner le prince de Sedan et se fait remettre la principauté par traité. Il nomme alors le maréchal Fabert, un Messin, premier gouverneur de Sedan. Ce dernier décide d'imprimer sa marque en faisant construire les magasins Fabert au milieu de la cour. Aujourd'hui, ce bâtiment qui est en très bon état présente l'avantage d'offrir plusieurs grands plateaux et dispose déjà de soixante-neuf petites fenêtres, qui correspondraient à celles de chambres. Nous pourrions accroître son potentiel en lui ajoutant des édifices attenants, le logis du lieutenant du roi et le casernement nord. Un autre avantage : l'entrée des magasins Fabert se situe à proximité immédiate de la porte des Princes, créée par Vauban en 1699.

— Au premier coup d'œil, et sans m'engager à ce stade, je trouve votre choix excellent. L'hôtel offrirait ainsi une vue sur le château lui-même ?

— Oui, répond Didier Herbillon. L'espace situé entre l'enceinte médiévale et les magasins Fabert est vaste. Les clients seront ainsi plongés dans la vie médiévale.

— Comment accédera-t-on à cette cour ? Si je regarde vos photos, je vois bien la porte sous la tour, mais je ne vois pas de chemin goudronné. »

La question confirme que Régis Glorieux se projette visiblement déjà dans le chantier. Les deux Ardennais se regardent avec satisfaction.

« La Ville prévoit naturellement de viabiliser les accès et de mettre en place des parkings au pied du château fort. »

Les deux hommes ont réponse à toutes les questions de leur interlocuteur mais le plus difficile commence. Il faut parler d'argent.

À la recherche de nouveaux développements, Régis Glorieux prend l'initiative.

« Je ne vais pas tourner autour du pot. Développer un hôtel à cet endroit me semble possible sur le papier. Mais les photos que vous me montrez révèlent l'ampleur de l'investissement qui nous attend. Cela va coûter très cher.

— Nous le savons mais nous pensons qu'une alliance d'aides publiques et d'investissements privés pourrait être la solution, réplique Didier Herbillon. La Ville, la Région et l'État apporteront les murs, l'exploitant de l'hôtel fera le reste. »

L'adjoint au maire de Sedan pointe un autre atout pour trouver de l'argent.

« Une telle rénovation pourra bénéficier de l'avantage fiscal lié à la rénovation des monuments historiques. Ce qui veut dire déduire de ses revenus 100 % de l'argent investi.

— Pour faciliter votre décision, nous avons décidé de faire estimer ce que coûterait la restauration de l'ensemble appelé à accueillir l'hôtel, ajoute Jérôme Dablain. Le coût des travaux avoisinerait les 4 millions d'euros. Mais l'État et les collectivités locales et régionales se chargeront de cette partie. Quant à l'aménagement de l'hôtel qui vous appartiendra, nous l'évaluons à un minimum de 2 millions d'euros.

— Ces financements publics sont clés dans notre approche, rebondit Régis Glorieux, même s'ils impliquent que nous devrons passer par les fourches caudines des architectes des bâtiments de France. Remarquez, c'est notre lot partout où nous avons investi. Nous avons l'habitude… et nous sommes déjà tombés sur des personnalités qui nous facilitaient le travail. »

Jérôme Dablain et Didier Herbillon sentent que leur interlocuteur a fait une bonne partie du chemin. Ils aimeraient qu'il se prononce de vive voix dès aujourd'hui.

« Que pouvons-nous dire au maire de Sedan quand nous serons de retour ce soir ? Êtes-vous intéressés ? Allez-vous envoyer vos équipes étudier le dossier sur le terrain ? Nous serions heureux de les accueillir ! »

Régis Glorieux ne veut pas tout lâcher d'emblée. Il demande un temps de réflexion.

« Il faudra en effet que nous allions faire une étude sur place pour nous décider. Mais je veux en parler à mes équipes auparavant. Le château fort de Sedan dispose d'un très grand potentiel, vous m'avez convaincu sur ce point. Je vous dis rapidement si nous allons de l'avant. »

La petite délégation quitte les lieux plutôt rassurée. L'affaire semble bien lancée. En sortant des bureaux, Jérôme Dablain et Didier Herbillon se congratulent. « Allons boire une bière pour fêter ça avant de retourner à la gare ! lance Didier Herbillon.

– Bonne idée ! » lui répondent ses compagnons de route. Direction la brasserie L'Européen, en face de la gare de Lyon. Au jeu des pronostics, les Sedanais parient sur une issue positive. Le courant est passé avec les dirigeants de France Patrimoine. Du coup, ils ont le sentiment de ne pas rentrer bredouilles dans les Ardennes. Pour leur ville en crise, c'est déjà beaucoup.

2

UN FESTIVAL SINON RIEN

Charleville-Mézières, printemps 2003

Ce samedi, la petite bande des Lads People se dirige comme d'habitude vers les locaux d'une manufacture abandonnée, située au cœur de Charleville-Mézières. Julien, Thomas, Clément et Guillaume. Quatre jeunes Ardennais, âgés de tout juste 20 ans. Étudiants la semaine et membres d'un groupe de rock indépendant le week-end, ils viennent répéter depuis quelques mois dans les locaux d'une association locale, l'AME.

Olivier Nicart, trentenaire, a fondé l'association en 1997. Lui aussi musicien, il joue depuis des années dans un groupe local, qui s'est peu à peu structuré et qui a investi dans un camion pour faire la tournée des Ardennes. Finalement, sa bande a eu l'idée de créer une école de musique pour les enfants du coin. Chacun des bénévoles pratique et donne des cours, tout en ayant sa vie professionnelle. L'association a aussi vocation à promouvoir le développement des musiques actuelles dans le département des Ardennes.

Quand Olivier Nicart les rencontre, il aime tout de suite ces quatre garçons.

Ce jour-là, il prend le temps de venir les écouter répéter.

« Depuis quand êtes-vous ensemble ? demande-t-il.

— On a commencé en 99. Avec certains, on s'est connus au lycée, précise Julien Sauvage, le bassiste du groupe. Par exemple, Guillaume et moi, on s'est connus en DUT. On était dans le même groupe de TD.

— Ça fait un moment, alors, que vous jouez ensemble. Et vous essayez de faire des concerts ? Parce qu'au bout d'un moment vous allez tourner en rond.

— C'est vrai, on voudrait s'en sortir un peu mieux, jouer plus souvent devant du public, gagner un peu de thunes.

— D'abord, les garçons, si vous voulez percer, il faut monter le niveau d'un cran. Et si vous voulez vous produire dans des bars, c'est mieux d'avoir un statut d'association. C'est plus facile pour les patrons des bars de justifier une sortie d'argent quand ils ont une facture.

— Cool ! Mais nous, tu vois, on ne sait pas trop comment faire.

— Ça, c'est facile ! On peut vous aider, c'est notre rôle à l'AME d'aider les jeunes groupes comme vous à se développer. Tiens, vous n'avez qu'à passer vendredi prochain, je vous donnerai quelques tuyaux. »

Olivier Nicart vient juste de décider de les prendre sous son aile. Il n'est pas certain d'avoir identifié les futures stars de la scène rock indépendante mais il se dégage une énergie particulière de cette bande de jeunes. Il est impressionné par l'aplomb du bassiste,

Julien Sauvage. Bien que Guillaume Meireles, le guitariste, soit le leader du groupe, le bassiste s'impose.

Julien Sauvage est un jeune Ardennais comme les autres. Il vit chez son père, dans un modeste appartement du quartier de Manchester. Depuis ses années de lycée, sa chambre est une tanière dans laquelle s'entasse régulièrement une bande de post-ados. Ils y écoutent de la musique en boucle, rêvent à voix haute et boivent des bières. Vient qui veut. Les potes des potes sont les bienvenus. Toute une faune entre et sort à toute heure.

Régulièrement, il organise des soirées dans l'appartement de son père, qui va dormir ailleurs. Il est arrivé plus d'une fois que les voisins viennent toquer à la porte pour se plaindre du bruit.

Son enfance ressemble à celle de milliers d'adolescents. Gentils rebelles, un peu débraillés, vêtus en permanence d'un jean vaguement tenu par une ceinture et d'un tee-shirt de hard rock. Ces ados rêveurs qui passent leurs soirées avec leurs potes à écouter des CD. À part un caractère bien trempé, il ne fait pas montre de dispositions particulières à l'école.

Ses parents ont divorcé quand il avait 2 ans. Il a d'abord vécu chez sa mère. Elle a refait sa vie et a eu trois autres enfants. Les frères et sœurs sont soudés. Mais dans cette famille recomposée, Julien ne passe pas inaperçu, il ne rentre pas vraiment dans le rang, il ne s'arrête jamais. Il faut toujours qu'il soit occupé. Pour qu'il puisse dépenser son énergie débordante, et aussi pour permettre à la famille de respirer un peu, on le met en centre aéré le mercredi et en colonie pendant les vacances : « Tu comprends, il l'ouvre tout le temps, dit sa mère. Il est têtu, ce n'est pas toujours facile de canaliser son énergie. »

Sa mère, docteure en lettres classiques et enseignante au lycée, essaie tant bien que mal de donner une éducation à cet enfant pas comme les autres. Dès la sixième, Julien entre en internat au collège Saint-Rémi, à dix kilomètres de la maison familiale. On essaie de discipliner cette herbe un peu folle : s'il n'a pas de bons résultats, il est interdit de sortie le mercredi. Et quand il sort, il a le droit d'aller au conservatoire. Il y apprend la musique, à la vieille école, il subit le solfège et fera finalement sept ans de trompette.

Pendant ces années, Julien n'est pas très coopératif, il est un brin turbulent, ne voit pas tellement l'intérêt de ce qu'on tente de lui inculquer à l'école. À la maison, quand il rentre le week-end et pendant les vacances, il est indomptable. Sa mère lève constamment les yeux au ciel, quand ce n'est pas la voix. Désemparée, elle lui dit : « Avec ta gueule, tu vas faire de la politique ou du commerce. » À l'âge de 15 ans, Julien part vivre chez son père. Bonne pâte, laxiste, et certainement pas préparé à accueillir le phénomène, il ne met aucune entrave à son fils.

Même si l'école ne le passionne pas, Julien finit par obtenir son bac *in extremis*, mais son dossier scolaire n'est pas très vendeur. Il présente une vingtaine de dossiers dans des IUT. Personne n'en veut. Contre toute attente, il reçoit une convocation à l'IUT de Charleville-Mézières. Bernard Leriche, le directeur de l'Institut, l'accueille dans son bureau et l'invite à rejoindre un siège autour de la table de réunion.

« Bonjour monsieur Sauvage. Je vous en prie, installez-vous. »

Julien s'installe nonchalamment sur le siège que lui désigne le directeur.

« Nous avons bien reçu votre dossier. Votre moyenne générale et les commentaires de vos enseignants ne sont pas très encourageants. Peut-être avez-vous envie de me dire deux mots sur votre parcours et votre motivation ?

— En fait, c'est vrai que je ne suis pas tellement fait pour les études. Ma famille pense que je devrais préparer un DUT, parce que c'est une formation pratique. Et j'aimerais bien aller vers le commercial. »

Bernard Leriche l'écoute attentivement, pose quelques questions. Il observe.

« Le dossier scolaire ne fait pas tout, j'en suis persuadé. Et pour tout vous dire, des cas comme vous, j'en ai vu passer des centaines ! Monsieur Sauvage, je suis disposé à accepter votre candidature en Gestion administrative et commerciale des organisations.

— Merci beaucoup, souffle Julien, content de pouvoir rentrer dans le rang.

— Mais j'accepte votre candidature en échange d'un contrat moral. Je vous demande de faire ce qu'il faut pour ne pas me faire regretter. Vous allez vous investir dans votre travail. Comme vous l'indiquez, le DUT est un diplôme pratique, professionnalisant. Vous allez voir que c'est différent du lycée. Est-ce que vous êtes prêt à vous y engager ? »

C'est sur les bancs de l'IUT que Julien rencontre son camarade Guillaume Meireles. Très vite, ils parlent musique. Même s'il n'a jamais joué de guitare et qu'il n'y connaît rien en solfège, son nouvel ami veut monter un groupe de rock. Guillaume est fan des Beatles et d'Oasis, du bon rock classique. Depuis des années, Julien vit sa vie au rythme d'une bande-son où les Doors et Pink Floyd ont la part belle. Les deux garçons ont clairement des atomes crochus.

Les mois passent, et à force de répétitions, ils se mettent sérieusement à la musique et cherchent à constituer leur premier groupe. Ils recrutent un batteur, Clément, et un deuxième guitariste, Thomas. Le groupe des Lads People est formé. Julien alterne les cours à l'IUT et les répétitions. Quand il part poursuivre ses études à Roubaix, il revient tous les week-ends à Charleville et le groupe continue ses répétitions. Cela fait plus de trois ans qu'ils jouent ensemble quand ils rejoignent les locaux de l'association AME. Ils se produisent parfois dans des bars, mais ils n'ont pas d'argent et peut-être pas vraiment d'avenir non plus. Julien voit bien qu'ils tournent en rond.

Le vendredi soir, après leurs cours, Julien et Guillaume se rendent comme convenu dans les bureaux de l'AME pour leur première séance avec leur nouveau coach. Les derniers enfants et adolescents quittent les locaux. Olivier Nicart les attend.

« Bon, les garçons, je vais vous donner quelques ficelles pour vous permettre de développer votre groupe. Je suis passé par là, moi aussi, et avec l'assoce, c'est notre rôle de passer le flambeau.

— Merci Olivier, c'est sympa de nous aider.

— Avant toute chose, servez-vous. Qu'est-ce que vous voulez boire ? Une petite blonde ?

— C'est pas de refus. »

Les cannettes décapsulées en main, la discussion peut commencer.

« Comme je vous le disais l'autre jour, il faut vous constituer en association loi 1901. C'est le seul moyen pour vous de trouver plus facilement des cachets dans des bars. C'est aussi comme ça que vous pourrez recevoir des subventions.

— Super. Et comment on doit faire ? questionne Guillaume.

— Ce n'est pas très compliqué, il faut préparer les statuts de l'association, nommer un président et un trésorier puis déposer le dossier à la préfecture. Je vais vous aider à organiser tout ça, j'en ai l'habitude.

— D'accord, mais quel est le rôle du président ? Et celui du trésorier ? ajoute Guillaume.

— À ce sujet, je voulais vous parler d'un dispositif proposé par la direction départementale de la Jeunesse et des Sports. Ça s'adresse aux artistes amateurs qui veulent se professionnaliser un petit peu. C'est un truc assez complet qui comprend une formation de trois jours aux fondamentaux. Comme monter et gérer une association, quel est le rôle de la Sacem. Et le dispositif offre deux jours de répétition avec un professionnel, vous repartez avec la répétition enregistrée sur CD. »

Les yeux des deux jeunes pétillent.

« C'est génial de pouvoir répéter avec un pro ! » s'exclame Julien.

Dans les semaines qui suivent, Olivier Nicart les aide à monter la demande de subvention auprès de la direction départementale. Le dossier est accepté. Les membres du groupe suivent avec avidité les trois jours de formation avec les bénévoles de l'AME. Julien surtout, sans doute pour la première fois de sa vie, est très concentré. Les Lads People sortent gonflés à bloc des deux jours de répétition en studio qui clôturent le stage.

À son issue, les quatre amis ont énormément appris. Ils ont bien noté les ficelles du métier et sont fermement décidés à créer leur association. Seulement, tous n'ont pas le même objectif. C'est pendant une pause de répétition, évidemment cannette de bière à la main, que Julien dit tout haut ce qu'il a sur le cœur depuis un moment.

« Les amis, on a vraiment de la chance d'avoir pu faire ce stage. On a vachement progressé, et maintenant, on va cartonner. Je vous le dis ! s'exclame-t-il, plein d'enthousiasme.

— C'est clair ! On va pouvoir monter des concerts dans des bars à Charleville et à Sedan. On va pouvoir s'éclater, passer de bonnes soirées et enfin se faire un peu de thunes, hé, hé !

— Ouais, on a clairement toutes les cartes en main, poursuit Julien. Mais vous savez quoi ? Je pense qu'on peut faire un truc encore plus ouf !

— Ah ouais ? Et tu penses à quoi ?

— Une tournée française l'été prochain ? Ouais, pas mal… je vois bien le truc. »

Julien, sourire aux lèvres, laisse ses amis énumérer en riant les perspectives les plus folles. Il aime ménager ses effets.

« Allez ! Dis-nous. C'est quoi, ton idée ?

— Vous le savez, les gars. On dit toujours qu'il n'y a rien dans les Ardennes. Les plans sociaux, les usines qui ferment. Même à la météo, c'est la déprime. Quand la pluie arrive, c'est toujours par les Ardennes. Et quand les Allemands sont arrivés, c'était aussi par les Ardennes. Alors, je me dis qu'il faudrait faire quelque chose pour les Ardennes avec notre assoce. »

Trois paires d'yeux se braquent sur lui, étonnées, comme si elles recevaient une visite du troisième type.

« Je ne comprends pas bien, laisse traîner le batteur, nous, on est juste un groupe de rock local.

— Vous ne trouvez pas qu'il y en a marre que ce soit la lose chez nous ? Perso, j'en ai plein le cul que personne ne sache où sont les Ardennes. »

Conscient de lancer un pavé dans la mare, Julien respecte le silence. Il tire sur sa cigarette et reprend :

« Il faudrait faire quelque chose de cette assoce. En fait, ça fait un moment que j'y pense. On pourrait monter un festival de musique dans le coin. Y a pas un seul festival de musique de jeunes dans les Ardennes ! Je suis sûr que ça peut marcher. Un bon festival de musiques actuelles. Un truc ambitieux, qui fait travailler plein d'entreprises locales et avec une vision écoresponsable. Je le sens bien.

— Attends, mais c'est pas du tout la même dimension que notre projet initial. Moi, je suis pour jouer de la musique, passer de bons moments. Voilà à quoi doit servir l'association, pour moi.

— Mais on peut faire les deux, organiser des soirées, des concerts et petit à petit nous faire connaître, tisser notre réseau. Bon, écoutez, je ne vais pas vous forcer. On peut déjà créer l'association et ensuite on verra. »

Ce soir-là, Julien décide d'en rester là. Mais l'idée est devenue une obsession. Têtu et entier, il ne se laisse pas décourager. Plusieurs fois, il en reparle à ses amis. Il en parle aussi à celui qui est en passe de devenir son mentor, Olivier Nicart.

Lors d'une énième soirée de répétition, alors que Julien repart à l'attaque, Guillaume Meireles s'exclame :

« T'es incroyable, toi, tu doutes de rien !

— Mais arrête ! Tu vois le potentiel ? Un bon festival avec du rock, de l'électro, de la pop. Si on fait ça dans Charleville-Mézières, dans les rues, sur les places, ça peut être un truc de fou !

— Dans la ville ? Rien que ça.

— Et tu veux que je te dise ? Ça va avoir une ampleur nationale. J'en suis sûr.

— T'es complètement dingue mais je suis prêt à te suivre, à distance. Je suis partant pour créer l'association et je veux bien être le vice-président si tu veux. Mais personnellement, je veux juste faire des concerts. Pour le reste, tu as carte blanche pour monter ton projet.

— Cool ! On fait ça tout bien, président, trésorier, et tout le tintouin. Moi je gère.

— Ça marche ! Allez les mecs, on va fêter ça ! » s'enthousiasme Guillaume.

Quelques minutes plus tard, il demande :

« Bon, on l'appelle comment ?

— Je vois bien un truc du genre Front de libération des Ardennes profondes.

— Non mais tu rigoles ?

— Non, personne ne le saura. Ça fait Flap. F-L-A-P. C'est bien, comme nom d'assoce ! »

En septembre 2003, la petite bande dépose en préfecture les statuts de l'association FLaP. Le groupe commence à organiser ses premiers concerts dans les bars de la région. Et en parallèle, Julien Sauvage s'attaque à son projet.

3

PARCOURS DU COMBATTANT

Charleville-Mézières, avril 2004

Quand, ce jeudi matin, il reçoit le texto de son ami et mentor, Julien Sauvage est en cours à Roubaix. *Salut Julien. Faut que je te parle quand tu reviens à Charleville*, lui écrit Olivier Nicart. Ce n'est pas son genre d'être aussi mystérieux. Il doit vraiment avoir du « lourd » à lui annoncer.

Il lui répond du tac au tac : *Tu m'intrigues.* Olivier Nicart continue à laisser planer le mystère : *Tu verras…*

OK. Je reviens demain. On peut se voir sur le coup de 19 h 30 ? Je passe te voir à l'AME, conclut Julien.

Depuis plusieurs mois, il s'est lancé seul dans son projet de festival. Il a déjà frappé à des dizaines de portes, passé des centaines de coups de fil et prêché la bonne parole autour de lui. Il expose son projet à qui veut bien l'écouter, y compris aux potes qu'il se fait le soir dans des bars. Son énergie fait forte impression auprès de chacun de ses interlocuteurs. Il attire invariablement la sympathie. Son réseau et son fan-club s'étendent de semaine en semaine. Malheureusement, après sept mois de labourage des Ardennes, force est de constater qu'il a fait chou blanc.

Quelques semaines plus tôt, il avait obtenu de haute lutte un rendez-vous à la mairie de Charleville-Mézières. Raymond Stévenin, alors adjoint à la culture, l'avait reçu dans son bureau.

« Bonjour. Monsieur Sauvage, c'est bien ça ?

— Oui, bonjour monsieur, répond poliment Julien.

— Alors, comme ça, vous avez un projet de festival à proposer ? Je vous écoute », l'invite l'adjoint au maire.

Julien se lance sans attendre.

« Comme de nombreux jeunes Ardennais, je constate qu'on dit peu de choses positives de notre département. Les Ardennes font parler d'elles à propos des fermetures d'entreprises ou des plans de licenciement.

— Vous avez raison, jeune homme », ponctue Raymond Stévenin.

Se sentant encouragé, Julien poursuit de plus belle :

« Heureusement, il se passe des événements culturels importants dans notre territoire. Notamment le Festival des théâtres de marionnettes, qui a une renommée mondiale. Mais il n'existe pas encore d'événement pour les jeunes et je pense qu'il y a de la place dans les Ardennes pour un festival des musiques actuelles.

— Je suis curieux de savoir à quoi ressemblerait ce festival, le relance Raymond Stévenin.

— L'idée, c'est d'organiser un festival populaire de musiques rock et électroniques. Et pour qu'il soit populaire et accessible à tous – et ça me paraît hyper important –, ce festival se déroulerait dans les rues de la ville. Il y a une autre chose capitale, qui est que le festival soit responsable, qu'il fasse travailler les entreprises et les acteurs des Ardennes. 100 % des prestataires seraient issus des Ardennes. Jusqu'aux stands de nourriture et de boisson qui vendraient des produits 100 % locaux.

— Eh bien ! Ce projet ne manque pas d'audace, salue diplomatiquement l'adjoint au maire, en déplaçant soigneusement un dossier posé sur son bureau. J'ai quelques questions à vous poser, au-delà de la faisabilité d'un tel projet dans les rues de Charleville. Comment imaginez-vous financer ce festival ?

— En grande partie grâce à des sponsors, notamment des entreprises et quelques entrepreneurs des Ardennes. Il y a aussi les revenus issus de la vente de boissons et de nourriture. Et puis bien sûr, l'aide des institutions et des élus par des subventions.

— Bien… Bien. Pour tout vous dire, monsieur Sauvage, j'ai quelques réserves sur ce projet. Je vais vous les exposer mais je prendrai le temps de considérer l'ensemble et vous donnerai ma réponse finale d'ici quelques jours. »

Dès cet instant, Julien Sauvage comprend que la partie est mal engagée.

« Un festival de musique jeune dans les rues de la ville, cela me paraît très compliqué. Beaucoup de bruit, de la saleté, des nuisances à prévoir. Je crains que les Carolomacériens ne soient opposés à une telle manifestation dans leurs rues. En tout cas, à titre personnel, je n'y suis pas favorable. »

Âgé de plus de 80 ans, formé à la musique classique, Raymond Stévenin se révèle peu sensible aux musiques actuelles. Quand on prononce ces mots, il pense sans doute aux clips diffusés sans discontinuer l'après-midi sur les chaînes musicales. À ses yeux, l'ensemble – rock, électro, rap, R'n'B, hip-hop et autres – forme le continent de la sous-musique qu'il ne connaît pas et n'a pas le désir de connaître. Il n'a aucune idée de ce que représente cette culture en matière de public et de marché. Il ignore complètement le succès et les foules drainées par des festivals mythiques tels que les Eurockéennes de Belfort ou plus encore Glastonbury, en Angleterre.

De plus, cette idée de « festival de jeunes » qui ferait déferler des hordes de punks et autres hurluberlus dans les rues de sa ville lui paraît saugrenue, tant elle est en décalage avec sa vision du patrimoine et de la culture.

Julien Sauvage lui est extrêmement sympathique et il apprécie son caractère volontaire, mais il décline gentiment le projet.

La porte de la mairie de Charleville-Mézières vient de se refermer, Julien accuse le coup quelques minutes. Qu'à cela ne tienne, il se met en tête de démarcher les autres communes du département, de rencontrer les élus – députés, sénateurs, conseillers régionaux et départementaux. Il frappera à toutes les portes et poursuivra jusqu'à ce que ça morde.

Il sollicite aussi des associations en tout genre. Associations culturelles, associations sociales, associations de musique mais aussi associations de cyclistes ou de boulistes. À chaque rendez-vous, il récolte mille informations, des conseils ou des contacts.

« Votre projet est intéressant et vous semblez très déterminé. Mais quel est le rapport avec notre activité ? Nous organisons des tournois de pétanque. Je ne vois pas comment on peut vous aider.

— Ah ! mais justement, ça m'intéresse d'échanger avec vous. Par exemple, pour vos tournois, vous avez une équipe de volontaires pour l'organisation. Comment vous faites pour les trouver ? interroge Julien. Et quand vous faites votre fête, vous mettez en place un parking avec plus de mille places de stationnement. Comment vous vous y prenez pour le gérer ? Auprès de qui demandez-vous l'autorisation ? » poursuit-il.

Julien questionne, note, enregistre, collecte des noms, des idées, s'inspire. À chaque rendez-vous, il étend un peu plus son réseau dans les Ardennes, il rencontre de nouvelles têtes, des chefs d'entreprise, des responsables d'associations. Et comme son entêtement, son énergie est sans limite, il marque les esprits. Il s'attire des alliés et des soutiens. Même s'il n'a encore rien décroché, son acharnement est remarqué et commence à porter ses fruits.

Bérengère Poletti, députée de la circonscription du nord de Charleville-Mézières, le reçoit dans sa permanence. La quarantaine, les traits fins, élégante brune aux cheveux courts, Bérengère Poletti est une figure locale. Gaulliste de tradition, elle a renoncé à son métier de sage-femme pour se consacrer entièrement à son engagement politique.

Au cours de ce rendez-vous, Julien Sauvage dégage comme à son habitude une aura irrésistible. Son discours est de plus en plus rodé. Plus que jamais, il met en avant le projet sociétal derrière l'événement culturel. Les bénévoles ardennais de tous âges, l'organisation de débats dans le cadre du festival, l'ambition environnementale. La députée est impressionnée. Elle s'engage à apporter un financement issu de sa réserve parlementaire, à hauteur de 5 000 euros. Il s'agit de fonds dont les députés peuvent, à l'époque, disposer librement et qui sont souvent employés à soutenir des associations locales. La parlementaire ouvre également son carnet d'adresses à ce jeune homme si prometteur.

Quelques semaines plus tard, Julien pense vraiment décrocher le graal. Il rencontre une première fois le maire de Sedan, Dominique Billaudelle. Le courant passe vraiment bien ! Le maire lui propose de se revoir chez lui, Julien jubile, il n'en revient pas.

Tous deux s'asseyent dans le salon, bière à la main.

« Ce que j'aime, c'est que vous avez de la suite dans les idées ! lance Dominique Billaudelle avant de trinquer avec son invité. Et puis la ville de Sedan a besoin d'événements de ce type. Je pense que la plaine de Torcy serait le site parfait pour ce festival. Vous connaissez ? »

Il s'agit d'une grande étendue verte sous-employée, située en plein centre sur les rives de la Meuse, en face du château. Le cadre serait idéal pour un festival de plein air. Ils évoquent aussi le stade de football du club sedanais et ses 23 000 places.

L'échange entre l'édile et Julien Sauvage fait naître l'espoir qu'enfin ce projet de festival voie le jour. Ils se quittent en se promettant d'avancer. Malheureusement, quelques semaines plus tard, le maire tombe gravement malade. Le projet finit par échouer.

En avril 2004, Julien Sauvage s'apprête à clôturer son année universitaire, ponctuée d'allers-retours hebdomadaires entre Roubaix et Charleville-Mézières, en ayant jeté toute son énergie et tout son temps libre dans le projet qui lui tient tant à cœur. D'autres auraient sans doute abandonné en cours de chemin. Mais pas lui.

Ce vendredi, il revient en train dans les Ardennes avec ses compagnons habituels. Car ils sont nombreux, les jeunes étudiants originaires des Ardennes, à être partis étudier à Lille ou à Reims. Ils se quittent sur le parvis de la gare et Julien prend la direction des locaux de l'AME, où l'attend Olivier Nicart.

« Salut Olivier ! Comment ça va ?

— Ah ! Tu es là. Attends une seconde, j'ai un coup de fil à passer et je suis à toi. »

Julien s'installe dans le bureau de son ami, impatient de savoir ce qu'il a à lui dire. Il ne sait pas à quoi s'attendre.

« C'est bon, j'ai fini pour ce soir, reprend Olivier Nicart. Alors, comment ça se passe, à Roubaix ?

— Ça se passe tranquille. Je vais bientôt commencer mon stage. Et je prépare la dernière grosse soirée du BDE.

— Toujours à fond, toi. Et comment ça avance, ton festival ?

— Depuis la fin des échanges avec Billaudelle, rien de neuf. J'avance. Comme d'habitude. J'ai encore des gens à voir ce week-end. »

Olivier Nicart se rapproche de Julien et lui tend une cigarette tout en poursuivant :

« Justement, faut que je te parle d'une idée. Je pense que ça peut être pas mal pour faire avancer tes pions. Surtout au niveau municipal. Je sais qu'avec Stévenin, ça n'a pas accroché. Rien d'étonnant.

— Vas-y ! Accouche, mon pote.

— Tambours de fêtes, tu connais ?

— Arrête, tu me fais peur. Oui, je vois ce que c'est. »

La première édition de Tambours de fêtes avait eu lieu en 1998. Le festival réunissait des percussionnistes de tous horizons, des groupes à la renommée internationale, comme les Tambours du Bronx. Une semaine de festivités, dans des salles, dans les rues mais aussi dans des écoles où toute la ville de Charleville-Mézières avait vibré au rythme des percussions.

« Je pense qu'il y a une fenêtre de tir pour toi, poursuit Olivier Nicart. En deux mots : Yannick Honet s'est embrouillé avec ses compagnons de l'association Tropic Carolo Combo. Tu sais, c'est eux qui ont lancé le festival. Et le torchon brûle vraiment. Yannick m'a contacté en début de semaine. Il aimerait que l'AME puisse donner un gros coup de main et s'occuper de la programmation. J'ai accepté, tu penses bien, ça rentre vraiment dans les missions de l'assoce, notamment toute la partie pédagogique à destination des jeunes et les animations de rue.

— Super, répond Julien un peu sur la réserve. Mais tu penses à quoi en ce qui me concerne ?

— Je veux créer une fenêtre au sein du festival, réservée à la scène rock. Je te propose un lieu, un petit budget et tu as carte blanche pour la programmation. Tu fais venir des groupes locaux. Avec ça, tu te fais la main.

— OK. Un budget. Carte blanche. Et le lieu ? Tu penses à quoi ?

— L'espace Lebon, à côté de l'église Saint-Rémi. La seule contrainte, c'est que chaque groupe doit prévoir un solo de batterie. »

4
LE TREMPLIN

Paris, mai 2004

Ce lundi matin, la météo est estivale. Le thermomètre dépasse les 30 degrés depuis trois jours. Dans Paris, l'air devient vite étouffant. Sur le coup de 8 h 50, Julien Sauvage se met en route. Pour l'occasion, il a domestiqué et assagi son look. Hors de question de passer pour un bouseux. Rasé de près, il a enfilé son unique costume, celui qu'il porte pour ses entretiens d'embauche. Vu la température, il aurait préféré une tenue plus décontractée.

Il se dirige vers le très chic 17e arrondissement de Paris, non loin du parc Monceau et de la place de l'Étoile. Les bureaux de Sony Music se trouvent dans un imposant immeuble haussmannien, avenue de Wagram. Julien pénètre dans le bâtiment climatisé, un agent de sécurité lui indique l'accueil. L'hôtesse le fait patienter quelques minutes avant de finalement l'envoyer directement au huitième étage. « Mme Bonnetaud vous attend. »

Dans le petit monde de la musique, on ne parle plus que de Patricia Bonnetaud. En 1998, trois ans après avoir lancé son label, Yelen, elle s'est imposée aux yeux de tous, à tel point que la profession lui a décerné le prix de « label manager » de l'année. Prêtresse incontestable des musiques actuelles, elle fait des miracles pour les groupes qu'elle prend sous son aile. Yelen est sans doute le seul label de musique qui développe ses groupes sans avoir recours à la promotion *via* les radios commerciales. Patricia Bonnetaud table uniquement sur la scène et les tournées. Et puis, elle a un vrai flair pour détecter les talents et faire grandir les groupes. Son écurie compte des artistes comme Tryo ou Mass Hysteria. Julien le sait, il a rendez-vous avec un sacré personnage.

9 h 40, il est en sueur alors qu'il est maintenant plongé dans une atmosphère qui plafonne à 18 degrés. À cette heure-ci, les bureaux commencent à peine à se remplir. Il croise quelques personnes dans l'ascenseur qui lui adressent un « Salut » évasif, tout en continuant leur conversation ou en consultant leur PalmPilot. Les portes de l'ascenseur s'ouvrent au huitième étage. Personne. Il attend. Il regarde à droite et à gauche. Des bureaux vides à perte de vue. Pas un chat. L'ascenseur s'ouvre à nouveau, dans son dos. Une jeune femme, 30 ans à peine, jean, baskets, se plante devant lui.

« Tu cherches qui ?

— J'ai rendez-vous avec Patricia Bonnetaud.

— Elle doit être dans son bureau, au fond. À cette heure-ci, on est que quelques-uns à être arrivés, mais Patricia est toujours là. Suis-moi. »

La jeune femme l'escorte jusqu'à un bureau, au fond d'un couloir tortueux. Une odeur de tabac froid envahit l'atmosphère, le week-end n'a pas suffi à renouveler l'air. Patricia Bonnetaud est dans son bureau, fenêtre ouverte, une cigarette à la bouche et le téléphone collé à l'oreille. « Assieds-toi ! » souffle-t-elle tout en poursuivant un échange vif. Elle raccroche, se passe la main dans la mèche brune qui lui barre le front. Son regard bleu se dirige vers Julien : « Ah ! Tu es le nouveau stagiaire, je suppose ? Écoute, tu arrives pile-poil, on a un boulot de dingue. On est en plein dans la période des festivals. Tu vas voir, tu ne vas pas t'ennuyer. »

Julien est ravi, il se sent soudain au cœur du réacteur. Les collaborateurs arrivent au compte-gouttes mais, il en est certain, il va beaucoup apprendre. Et puis ça changera des stages chez Auchan et compagnie. Son arrivée chez Yelen, il la doit à la fois à la chance et à sa ténacité. Son ami Xavier Risselin, qui est musicien, a eu l'occasion de rencontrer Patricia Bonnetaud du temps où elle était à EMI. Il ne la connaissait pas bien, mais il avait gardé le contact.

Il a quand même fallu que Julien envoie près de dix mails avant qu'elle ne lui réponde. Jamais il ne s'est découragé. Et, coup de chance, l'un de ces mails est arrivé au moment où elle venait de se « prendre la tête » avec une stagiaire. Un coup de fil, quelques minutes d'échange, conclues par un laconique « Si tu es libre tout de suite, je te prends. »

Julien s'installe dans un bureau déjà occupé par trois autres personnes. En chemin, il a parcouru les couloirs qui maintenant grouillent et aperçu quelques occupants interlopes. Pieds posés sur les bureaux, attroupements dans les couloirs, le dress code très décontracté tranche avec son petit costume provincial. Il a même croisé, éberlué, le chanteur Sanseverino.

Sa première journée passe à toute allure. Il est 20 h 15 quand il quitte le bâtiment de l'avenue de Wagram. Il ne lui faut pas longtemps pour reprendre son costume habituel, tee-shirt, jean, baskets, et pour se fondre dans cette faune avec un certain naturel. Décomplexé, sociable et, disons-le aussi, joueur émérite de baby-foot, Julien est définitivement adopté en quelques jours. Il parle avec tout le monde, il furète partout, il bosse, il apprend. Et il ne s'étonne plus de côtoyer Dany Brillant et d'autres artistes dans l'ascenseur. Et puis surtout son stage lui permet de rencontrer de nombreux groupes, de suivre plusieurs tournées et les festivals de l'été.

Julien découvre les coulisses de l'industrie musicale et ses ficelles sans cesser de bosser d'arrache-pied à son projet de festival, pendant les week-ends, pendant les vacances, dès qu'il est de retour chez son père.

5
ROCK ET TAMBOURS

Charleville-Mézières, 18 septembre 2004

« Tu peux venir, Gauthier ? On a un problème *backstage*.

— Attends, parce que là je suis en train de revoir la disposition du bar. Tu peux voir avec Guillaume ?

— Ben, non, il est sorti depuis un moment. Il a pris la bagnole pour aller au Leclerc. »

Ça grouille, ça court dans tous les sens. De temps en temps, un grésillement sort des enceintes. Puis on entend des petits tapotements. « Un, deux, trois. » Suivis d'un larsen. La balance commence à peine. C'est le jour J, il est 14 h 15, tout doit être prêt pour l'arrivée du public dans à peine trois quarts d'heure. L'adrénaline monte.

Julien Sauvage se déplace à vive allure. Main sur le front, téléphone à l'oreille, il promène son regard sur la scène, dans la salle ; scrute le moindre détail. Il raccroche, préoccupé : « OK les gars, on se magne. » Il se dirige vers le bar, fait un point avec le responsable des boissons. « Donc, on est d'accord, la caisse, tu la laisses dans ce coin, tu gardes un œil dessus. Tout le temps. »

Julien a l'habitude de gérer des grosses soirées. Il a beaucoup appris au contact de Patricia Bonnetaud. L'enchaînement, le stress des préparatifs, il connaît déjà. Mais cet après-midi, c'est un moment très particulier, le moment de vérité. Il ne s'agit pas d'une soirée ou d'un concert comme les autres, aujourd'hui il joue son va-tout.

En quelques mois, Julien a levé une armée de volontaires. D'anciens amis du lycée, des potes rencontrés à la Petite Brasserie ardennaise, les frères ou sœurs des potes. Mèches en pétard, baskets de rigueur et tee-shirts improbables, ils ont tous entre 20 et 35 ans. Affairés à installer des enceintes, tirer des rallonges, ajuster les éclairages, disposer les bouteilles et les verres à la buvette, guider et installer les groupes dans les coulisses, mettre en place l'accueil du public.

Julien et ses copains ont investi et totalement transformé l'espace vert semi-clos, niché au creux de l'église Saint-Rémi. Quelques minutes avant l'arrivée des musiciens, il a fait visiter les lieux à Olivier Nicart.

« Ici, la buvette et l'accueil du public. Je vais te montrer la scène et les coulisses.

— C'est bien ! C'est vraiment bien, souffle Olivier Nicart en hochant la tête d'un air approbateur. Vous avez super bien bossé. Vous avez réussi à faire un truc très cosy.

— Attends de voir les coulisses. »

Ils longent la scène et se glissent derrière un parapet. Olivier Nicart découvre les loges, dignes des salles de concert les plus mythiques. Plusieurs sofas, quelques fauteuils en velours des années soixante complètement défoncés, des tables et quelques objets de décoration ont été disposés pour créer des espaces intimes. C'est un joyeux bazar mais l'ensemble crée un cocon.

Quelques minutes avant l'ouverture des portes, ils sont une trentaine de musiciens entassés là avec leurs guitares, leurs basses, leur barda, leurs blousons. La joyeuse bande de FLaP est parvenue à « booker » huit groupes de rock locaux. En revanche, les Lads People ne seront pas à l'affiche. Hors de question de jouer sur les deux tableaux. Ce jour-là, l'équipe produit et organise l'événement. Un point c'est tout.

Lorsque les portes d'Espèces Rock ouvrent, une longue file de spectateurs s'est déjà formée sur le trottoir. Près de cent personnes attendent patiemment. À peine entrées, la plupart viennent s'agglutiner devant la buvette pour commander une bière, locale de préférence, car Julien Sauvage a privilégié le 100 % ardennais.

L'atmosphère est détendue, les discussions vont bon train, les rires fusent. Julien salue les nombreuses personnes qu'il connaît, distribue quelques tapes amicales, s'en va soutenir le bar, fait un tour à l'entrée. Peu à peu, l'espace devant la scène se remplit. La rumeur monte. La foule s'organise par grappes, les uns toujours autour du bar, les autres au pied de la scène. Bientôt, on ne les distingue plus vraiment.

15 h 30, le premier groupe prévu procède à quelques réglages. Le leader, qui est aussi le guitariste, rapproche le micro. Le batteur ajuste son tabouret, s'empare des baguettes et commence à envoyer un

tempo avant de se lancer carrément dans un solo, bientôt rejoint par le guitariste. Alors qu'ils lancent leur premier morceau, les têtes bougent en rythme, les corps ondulent. La musique emplit l'espace. Pendant près de trois heures, les groupes montent à tour de rôle sur scène. Trois heures de communion, de bonne humeur. Le concert ne désemplit pas. Le public, ravi, reste jusqu'à la fin.

Pendant que les groupes se suivent, Olivier Nicart fait un tour dans la fosse avec un homme d'une quarantaine d'années que Julien n'a jamais vu.

« C'est très professionnel, très bien organisé.

— Oui, répond Olivier Nicart, ils ont fait du bon boulot. Ils reçoivent les artistes comme des pros, ils savent gérer le public, la technique, le son. Je le savais quand je leur ai confié ce projet. Mais ils sont allés au-delà de ce que j'attendais.

— Je pense que tout ça est de très bon augure. »

Les deux hommes se quittent en trinquant avec leur cannette de bière.

Le soir même a lieu la soirée de clôture du festival Tambours de fêtes. L'équipe de Julien est déjà en train de démonter la scène, les loges. Il y en aura pour des heures, jusque tard dans la nuit. En marge de la scène, Julien, extatique, rejoint Olivier Nicart. Ils font le point.

« C'était blindé de monde, c'était vraiment cool ! lance Julien. T'en as pensé quoi ?

— Vraiment, bien joué Julien.

— On a assuré. Y a eu quelques couacs, mais franchement je crois que ça s'est pas vu. On a vraiment bien géré.

— J'ai parlé à Didier, un mec que je connais bien. Il bosse aux services techniques à la Mairie. Des portes peuvent s'ouvrir. »

Olivier Nicart s'interrompt, il est attendu à la soirée de clôture. Le dernier soir, comme le veut la tradition, le directeur du festival fait un discours. Yannick Honet entre donc sur scène, flanqué d'Olivier Nicart et de Claudine Ledoux, la maire de Charleville-Mézières. Elle est la première à prendre la parole. Après son intervention de quelques minutes, Yannick Honet enchaîne :

« Merci beaucoup, madame le maire. Tout d'abord, je voudrais remercier madame le maire sans qui ce festival n'existerait pas. Une fois de plus, le cœur des Carolomacériens a battu pendant plusieurs jours au son des percussions. Dans les salles comme dans la rue, vous étiez au rendez-vous, curieux de découvrir des batteurs, des artistes, des troupes venus du monde entier. Vous avez été nombreux aussi à participer aux animations de rue. Quel plaisir nous avons eu pour cette troisième édition ! »

Le public de tous âges, très familial, rassemblé pour cette ultime soirée, est enthousiaste. Il applaudit, pousse des hourras. Julien s'est mêlé à la foule, dans la fosse, près de la sortie, avec sa bande d'amis de l'association FLaP, pendant que Yannick Honet poursuit :

« Chaque édition de ce festival est aussi l'occasion de découvrir des talents locaux ; les différentes troupes ardennaises, qui toute l'année jouent, forment les jeunes et font vivre la culture des percussions. Vous pouvez les applaudir. Merci à vous ! »

On entend à peine la fin de son propos. La foule exulte, crie sa joie. Quand le brouhaha s'apaise, Yannick Honet reprend :

« Mais je tenais à vous dire : les talents ne sont pas uniquement sur scène. Il y a un certain nombre de bénévoles de grand talent qui, en coulisse, font un travail extraordinaire pour ce festival. Je pense bien entendu à l'association AME, représentée par son président, Olivier Nicart. »

Une nouvelle salve d'applaudissements. Yannick Honet reprend encore :

« Cette année, j'ai également pu découvrir une jeune association. Elle nous a proposé une très belle programmation cet après-midi, avec Espèces Rock. Cette association, elle s'appelle FLaP. Ses représentants sont présents avec nous ce soir. Et je me permets, madame le maire de vous dire que je sais que ces jeunes ont des idées à vous proposer. Au vu du succès de cet après-midi, je crois qu'ils méritent votre attention. »

Claudine Ledoux hoche la tête et sourit tout en se joignant aux applaudissements. Julien exulte, ses amis lui assènent une tape dans le dos, un clin d'œil.

Le lendemain, dimanche, les bénévoles sont de retour pour finir les derniers démontages. Olivier Nicart passe voir la petite équipe et prend Julien à part. « Dis-moi, je t'ai organisé un petit rendez-vous avec Claudine Ledoux. Elle va passer nous voir un peu plus tard aujourd'hui. »

Effectivement, la rencontre a lieu dans l'après-midi. L'édile de Charleville-Mézières s'avance vers Julien, main tendue. « Il me semble que vous avez déjà rencontré mon adjoint à la culture, M. Stévenin. Je vous propose de nous revoir prochainement, pour étudier ce que nous pouvons faire ensemble. Vous avez des projets, je crois, et moi aussi. »

Jusqu'à ce jour de septembre 2004, Julien Sauvage a avancé à la seule force de sa volonté. Depuis un an, il travaille assidûment chaque week-end, et pendant les vacances. Il a déjà rencontré des centaines de personnes dans les Ardennes. Obstinément mais seul, même s'il a réussi à constituer une équipe de bénévoles enthousiastes. Ce jour et cette consécration signent le véritable acte de naissance du Front de libération des Ardennes profondes, connu sous le nom de FLaP.

6

À L'USURE

Charleville-Mézières, octobre 2004

C'est une belle journée d'automne. Les rayons de soleil inondent la place Ducale, faisant ressortir l'ocre de la pierre et le rouge des briques des pavillons XVIIe siècle, cousins de ceux de la place des Vosges. Julien Sauvage parcourt gaiement les derniers mètres qui le séparent de la mairie. Il a rendez-vous avec madame le maire, Claudine Ledoux. Enfin ! Depuis le succès d'Espèces Rock, il a l'impression que cela fait une éternité qu'il attend cet échange. Pour cet entretien, Julien Sauvage n'a presque rien changé à son look d'étudiant. Jean, pull à col rond. Sans doute ses baskets sont-elles un peu moins poussiéreuses que d'habitude. Et puis il a enfilé une veste.

Une secrétaire de la mairie l'escorte jusqu'au bureau de l'édile et lui ouvre la porte. Claudine Ledoux l'accueille, sourire aux lèvres.

« Bonjour, monsieur Sauvage !

— Bonjour, madame le maire. Comment allez-vous ? répond Julien, en s'avançant main tendue.

— Bien, bien, je vous remercie. Installez-vous. Je suis ravie de vous voir aujourd'hui. On m'a dit beaucoup de bien de vous, de votre association. FLaP, c'est ça ? Quel drôle de nom », souffle-t-elle, un brin amusée.

Le sourire que Julien Sauvage ne peut réprimer laisse apparaître les dents du bonheur.

« Et puis, j'ai pu voir l'événement que vous avez mis en place il y a quelques semaines dans le cadre de Tambours de fête. C'était vraiment bien. Justement, Charleville-Mézières a besoin de citoyens et de jeunes comme vous, engagés, qui ont des idées, qui ont envie de proposer des manifestations culturelles. Et, vous le savez sans doute, j'attache une importance capitale au développement d'une politique culturelle ambitieuse pour notre ville. Que les habitants aient accès à une offre culturelle riche est l'une de mes priorités. »

Claudine Ledoux époussette distraitement le revers de sa veste avant de poursuivre.

« Il me semble que vous avez déjà eu l'occasion de rencontrer M. Stévenin, mon adjoint à la culture, n'est-ce pas ? »

Julien Sauvage lui répond aimablement, en prenant soin de passer sous silence comme l'adjoint à la culture l'a pris de haut.

« Oui, en effet, j'ai eu l'occasion de lui parler de notre projet de créer un festival de musique rock. Et je suis ravi de pouvoir vous rencontrer à ce sujet aujourd'hui. Je vous en remercie.

— Je suis tout ouïe, Julien, lance Claudine Ledoux. Parlez-moi de votre idée.

— FLaP est une association que nous avons créée il y a un an. Au départ, elle a permis de soutenir les activités de concert de notre groupe de musique. Nous jouons depuis bientôt quatre ans. Mais, en fait, FLaP s'est donné une autre vocation. Nous avons en tête un projet de festival de musiques actuelles dans les Ardennes. Pour tout dire, c'est un peu plus que ça, ce projet ne se résume pas à un festival de musique.

— Ah oui ? ponctue Claudine Ledoux, très concentrée, amusée par la passion de son interlocuteur.

— Je vous ai apporté un dossier, poursuit Julien. Ce projet comprend plusieurs volets. Il y a bien sûr l'aspect artistique. Nous souhaitons programmer plusieurs artistes. Probablement dans des genres musicaux variés. Rock, pop, musique électronique, chanson française. Mais si j'arrêtais ici ma présentation, l'essentiel manquerait. »

Julien Sauvage marque un court silence.

« Avec ce projet, nous avons prévu d'embarquer les acteurs des Ardennes. Des entreprises locales, des associations, des citoyens. Nous ne voulons pas nous limiter au monde musical. D'ailleurs, parmi nous, certains sont issus du monde associatif et ne sont pas particulièrement sensibles à la musique. En fait, c'est parce qu'on a une stratégie affirmée sur l'engagement citoyen et écologique que les gens nous ont rejoints.

— Ah bon ? Qu'est-ce que vous entendez par là ?

— Par exemple, l'un de nos objectifs sera d'être le plus propres et le plus neutres possible sur le plan environnemental. Pendant et après le festival, nous avons prévu une politique de tri drastique. Autre exemple : on veut le maximum de fournisseurs et de produits locaux. Pour tout vous dire, on pense que les Ardennes regorgent de trésors, d'énergies, de talents. Et nous voulons les valoriser. On veut que le festival soit vertueux localement sur les plans économique et écologique.

— C'est merveilleux tout ça ! s'exclame la maire, sensiblement étonnée. Messieurs Honet et Nicart m'avaient bien prévenue. Ils ne tarissent pas d'éloges à votre égard. »

Claudine Ledoux écoute attentivement le jeune Julien Sauvage qui finit de présenter son dossier. Elle sent toute l'énergie qui le porte et comprend qu'elle a face à elle une pépite, un diamant pas encore poli. Ce jeune homme impétueux, entier, se préoccupe assez peu de son apparence mais son charisme éclate dès qu'il prend la parole pour parler de son festival. Elle sent le bosseur acharné. Le discours est rodé, il est passionné. Il lui décrit un projet de festival qui n'est pas qu'un festival, mais un véritable outil de développement économique. Elle lui pose mille questions et il a réponse à tout. Il a tout pensé, tout imaginé. Il lui parle de ses dizaines de rendez-vous, avec des associations, des élus, des entrepreneurs ardennais ; lui cite les noms de chefs d'entreprise, d'élus, de responsables d'associations.

« Je suis impressionnée, finit par dire la maire. Mais j'ai quand même une petite question. Je vous enquiquine un peu. Qu'est-ce qui me dit que vous allez savoir monter un festival d'une telle envergure ? Car on est bien d'accord : c'est une autre échelle que ce que vous avez fait dans le cadre de Tambours de fête ? »

Julien Sauvage lui parle alors de son stage chez Yelen et des liens qu'il y a noués avec des groupes de musique, et des tourneurs.

La maire reprend :

« Je pense qu'on va pouvoir se pencher sur votre projet. Le site du parc des expositions serait pas mal pour accueillir un tel festival. Comme la Mairie en est propriétaire, cela ne posera pas de problème. »

Julien Sauvage affiche la mine de celui qui n'a pas tout dit, et n'hésite pas :

« Nous imaginons plutôt un festival de rue. Un festival dans les rues de la ville pour en faire un événement populaire, accessible, vivant.

— Vous ne manquez pas d'imagination ni d'audace, admet Claudine Ledoux. Je vous propose le parc des expositions, je pense que c'est vraiment pas mal. C'est un très beau cadre sécurisé. Et puis des concerts en pleine rue, cela me paraît risqué et compliqué. Bon, écoutez ! C'est simple, je vais vous mettre en relation avec nos services. Je pense notamment à Christiane Bajot qui, dans mon équipe municipale, est en charge de l'animation. On va faire en sorte que ce festival voie le jour ! »

Une chaleureuse poignée de main entre Julien Sauvage et Claudine Ledoux vient sceller leur accord, leur volonté de travailler ensemble et la promesse d'avancer très vite. À peine sorti, Julien se précipite sur son téléphone et appelle un à un ses principaux coéquipiers de l'association FLaP : « Ce soir, rendez-vous à la Petite Brasserie ardennaise, les amis, on a un truc à fêter ! » Il n'en dit pas plus, laissant planer le mystère.

Il n'oublie pas non plus d'appeler sa mère et sa petite sœur. Toutes deux le soutiennent sans réserve. Quelle fierté ! Et sa petite amie, qui étudie à Paris. Son cœur bat la chamade, l'adrénaline coule à flots dans ses veines. Il est heureux et pense déjà à la suite, aux prochaines étapes.

L'équipe du FLaP a bien changé ces derniers temps. En organisant le minifestival Espèces rock, elle a vu arriver de nouveaux visages et des talents se sont révélés. Depuis le dépôt des statuts, l'année précédente, et jusqu'à récemment, l'équipe était limitée à quelques proches réunis autour des Lads People. Ces quatre-là constituaient le bureau. À l'exception de Julien, chef de bande officialisé par son titre de président, ils s'étaient distribué les rôles de manière aléatoire ou presque, sans y accorder beaucoup d'importance. Il fallait bien avoir des noms à fournir dans le formulaire déposé à la préfecture. C'était juste une formalité.

Ces derniers mois, au fil de ses rencontres dans des bars, au cours de ses rendez-vous et par le bouche-à-oreille, Julien a levé une armée d'hommes et de femmes séduits par le projet de festival. Les uns parce qu'impliqués dans le monde associatif ou acteurs de l'animation socioculturelle ; les autres parce que fans de rock et de musiques actuelles ; et d'autres encore tout simplement parce qu'ils sont amoureux des Ardennes et agacés par le défaitisme ambiant. Cette armée savamment préparée par Julien, attendait l'appel, prête à se mobiliser. Quand il a été question d'organiser Espèces rock, ces bénévoles, ces amis, ces supporters sont venus sans hésiter participer à l'organisation.

Un mois plus tôt, dans la foulée de cet après-midi de concerts, le jeune président du FLaP avait réuni le groupe de bénévoles et les membres de l'association. La réunion avait eu lieu dans l'arrière-boutique d'une boulangerie, en plein cœur de Charleville. L'ancien propriétaire et patron était le père d'un des bénévoles. Son successeur continuait de les soutenir. Dans la bonne humeur générale, tout en engloutissant un croissant au beurre encore tiède, il avait lancé : « Qui veut jouer un rôle dans l'association et dans l'organisation du festival ? »

C'est ainsi que les tâches ont été redistribuées. Yves Schneider et Guillaume Bas ont été nommés membres du bureau ; le premier comme vice-président, le second comme trésorier. Julien a été renouvelé au poste de président. D'autres membres actifs ont rejoint l'aventure. Parmi eux, Alberto Fernandez.

Ce dernier a beaucoup contribué à alimenter le projet de Julien en idées. Plus âgé que le reste de la bande – il a la trentaine bien avancée –, il n'a pas pu trouver d'emploi de chaudronnier soudeur dans les Ardennes à la fin de ses études. Le hasard l'a mené vers la mission locale de Charleville-Mézières où il a enchaîné les boulots d'animation. Les galères des Ardennes, ce territoire qu'il aime tant, il les connaît bien. Au début de l'année 2004, l'un de ses amis lui a parlé de « ce mec qui veut organiser des concerts dans les bars » et il a donné son numéro de téléphone pour qu'il puisse le contacter. Ils se sont rencontrés un soir de mars 2004 dans un bar de Charleville-Mézières.

« Si c'est pour organiser des concerts, moi, c'est niet. J'ai déjà donné. En 1993, j'ai monté une association avec le mec qui nous a mis en relation. On a arrêté il y a deux ans. C'était trop galère.

— Oui, il m'a raconté ce que vous avez fait. Mon idée est différente. Je ne veux pas faire des concerts dans les bars mais un festival de musiques actuelles.

— Ah oui ? Là, tu m'intéresses. »

Ils ont passé la soirée à revisiter les hauts et les bas de dix années de concerts dans les bars des Ardennes. Une amitié était née. Très vite, Alberto a épaulé Julien. Ils se sont mis à préparer ensemble les rendez-vous avec des partenaires potentiels et à affûter leurs arguments. Comme Julien n'a pas d'ordinateur chez son père, Alberto a décidé de lui donner un double des clés de son appartement pour qu'il puisse venir y travailler.

Ce soir d'octobre 2004, le jour même du rendez-vous à la mairie de Charleville-Mézières, Julien retrouve comme prévu les membres du nouveau bureau de l'association ainsi qu'une dizaine de bénévoles. Tous se serrent dans un coin du bar, autour de quelques tables. Les discussions et les apartés vont bon train, la bière coule à flots. « Alors Julien, pourquoi tu nous as réunis ?! » lance l'un des participants.

Julien se racle la gorge, laisse encore quelques secondes de silence pour ménager son effet. Petit clin d'œil en direction de ses complices, Alberto et Guillaume, déjà dans la confidence. « Bon voilà, j'étais aujourd'hui avec Claudine Ledoux. Ça y est ! On a le go pour lancer le projet de festival. À Charleville-Mézières. » Immédiatement, le petit groupe laisse échapper des cris de joie. Ils se congratulent, se jettent dans les bras les uns des autres, décident de porter un toast à Julien et commandent une nouvelle tournée.

Julien leur annonce que désormais c'est bien l'équipe du festival qui est réunie, chacun va devoir prendre une mission. Entre deux verres, les idées fusent, chacun s'exprime, propose, suggère. L'enthousiasme est à son comble ! Julien note soigneusement toutes les pistes, avant de demander des volontaires pour les différents postes et de distribuer les premières tâches à effectuer. Ils conviennent de se voir toutes les semaines.

Olivier Nicart n'a pas pu être présent ce soir-là. Julien décide d'appeler son mentor juste après.

« Super rendez-vous ! Claudine Ledoux nous a donné son accord pour organiser le festival !

— Franchement, chapeau ! c'est une excellente nouvelle, mon pote.

— Ouais, c'est cool. On va pouvoir y aller. Elle m'a mis en contact avec son adjointe qui gère l'animation.

— Elle t'a repéré, elle vous prend au sérieux. Ce que tu me dis, c'est vraiment encourageant. Je vais te donner un conseil. Encore une fois, tu vas peut-être me prendre pour un rabat-joie. Mais ce n'est pas du tout ça. Au contraire, c'est juste que je sais bien comment fonctionne une mairie et que ce genre de chose, c'est jamais gagné.

— Même maintenant qu'on n'a plus Stévenin dans les pattes ?

— Oui, tu vas voir. Même si elle t'a donné le feu vert, ça peut quand même ralentir. Il faut que tu maintiennes la pression.

— Déjà il va falloir qu'on se batte sur le concept. Elle n'a pas mordu à l'idée d'un concert dans les rues. Pour l'instant, elle me propose d'utiliser le parc des expositions.

— C'est ce que je te dis, tu n'en es qu'au début, mon Ju, reprend Olivier Nicart. Maintenant que tu es dans la place, il faut que tu occupes le terrain. Il va te falloir du temps, de la patience. Il faut que la Mairie te voie te bouger. En même temps que tu prépares le festival, lance des initiatives, organise des concerts. Montre que tu es là.

— Oui c'est vrai, tu as raison. J'ai marqué un point mais je sens que la partie n'est pas encore finie.

— Je vais réfléchir, j'ai peut-être des trucs à te proposer. On en reparle si tu veux. »

Quelques jours plus tard, les deux se revoient et dessinent les contours d'un nouveau projet. Ils décident de monter une série de concerts caritatifs pendant le mois de décembre. Pour entrer, il suffit d'apporter un jouet. Les dons seront reversés aux associations comme Les Restos du cœur. Le festival, cosigné AME et FLaP, est baptisé Les Rockeurs ont du cœur. Et c'est un succès.

En quelques semaines, Julien Sauvage met en place et coordonne deux équipes. L'une fait le tour des bars pour expliquer le concept. Elle parvient sans problème à séduire et plusieurs soirées sont programmées. L'autre équipe s'occupe d'inviter des groupes locaux. Entre octobre et novembre, le festival est mis sur pied, les affiches placardées chez les commerçants et dans les rues de Charleville-Mézières.

Pendant ce temps, Julien Sauvage et Alberto Fernandez ont multiplié les coups de fil et les messages à la Mairie. Les choses n'avancent pas tout à fait comme ils le souhaiteraient. Pas assez vite et pas dans la direction prévue.

Le rythme de l'équipe municipale, de ses élus et de ses agents, n'est pas vraiment celui auquel avance la bande de bénévoles de FLaP. Les premiers prennent mille précautions avant de formuler un quelconque engagement. Ils sont soumis à la procédure hiérarchique et au rythme pendulaire des conseils municipaux qui se déroulent environ tous les deux mois. Tout est d'abord examiné avec suspicion avant d'être analysé, soupesé puis finalement consigné dans d'ennuyeux mémorandums qui attendent en pile que l'on veuille bien les considérer. Pour les seconds, nul formalisme. La passion les guide, le désir ardent de concrétiser leurs idées les consume.

Pour ne pas s'embourber dans une guerre de tranchées, Julien a multiplié les mouvements tactiques. Il y a eu Les Rockeurs ont du cœur, mais il a aussi fini par abandonner l'idée du festival de rue pour ce qui apparaît comme une piste prometteuse. Avec son compagnon Alberto Fernandez, il convoite désormais un site à proximité du centre de Mézières. Entre les berges de la Meuse et une friche industrielle, l'ancienne usine La Macérienne. À cet emplacement, il y a un grand terrain vague inexploité. Un terrain de rugby, ses vestiaires et un gymnase sont adjacents. Avantage décisif, l'ensemble est propriété de la Ville. Cette solution a le mérite de rassurer l'équipe municipale. Plus de crainte de voir des hordes de punks inonder les rues de Charleville-Mézières. L'ensemble peut être clos et sécurisé.

Un matin de janvier, Christiane Bajot reçoit une nouvelle fois Julien Sauvage dans son bureau à la mairie : « Monsieur Sauvage, vous avez réussi une belle manifestation avec vos Rockeurs ont du cœur. Je vous félicite pour cette animation très réussie et qui a attiré de nombreux Carolomacériens. En revanche, je dois le dire, pour l'instant, je ne parviens pas à débloquer une décision pour le festival. Le site de La Macérienne pose problème. Bien sûr, la Ville en est propriétaire, mais il me semble difficile de garantir la sécurité. Et en plus, le club de rugby s'y oppose. »

Voilà, se dit Julien Sauvage, quatre mois de discussions et la décision n'est toujours pas prise. Son exaspération est à son comble. Il ne parvient pas à comprendre les ressorts de la mécanique municipale. Reste une piste à explorer : chaque année, la Ville fête l'un de ses quartiers, l'une des six communes qui ont fusionné dans les années soixante pour former Charleville-Mézières. Cette année, en 2005, c'est Mézières qui est à l'honneur et la maire n'a toujours pas mis sur pied le programme d'animation de cette fête. Le festival pourrait être la solution. FLaP a proposé de prendre en charge son organisation. Mais là aussi le dossier semble enterré.

Julien tente alors un dernier coup de poker. Il a entendu parler du vernissage d'une exposition au musée Rimbaud auquel la maire et les élus participeront. Il s'y rend, se gare et se poste devant l'entrée. Il ne tarde pas à voir arriver Christiane Bajot. « Madame, il ne reste que quelques mois. Il nous faut votre accord. Après, ce sera trop tard. » L'élue, qui a beaucoup de sympathie pour le jeune homme tout en n'étant qu'à moitié convaincue, sait également qu'elle n'a pas de meilleure solution pour la fête de Mézières. « Attendez-moi. » Elle s'engouffre dans le musée. Julien reste dehors à fumer clope sur clope, téléphone à la main. Christiane Bajot ressort enfin, tout sourire. « Madame le maire m'a donné son accord. Le festival sera mis au vote au prochain conseil municipal. »

7
UNE CHAMBRE AU CHÂTEAU

Sedan, 14 avril 2005

17 h 30. La cour du château fort de Sedan se remplit peu à peu. Pour 270 habitants de la ville et de ses environs immédiats, ce n'est pas un jour comme les autres. Pour rien au monde ils ne manqueraient l'inauguration de l'hôtel Le Château fort, un établissement trois étoiles construit dans un lieu historique au cœur de la forteresse médiévale la plus grande d'Europe. C'est le premier de ce genre en France. Si tout se passe bien, il va drainer une clientèle venue de toute l'Europe et participer ainsi activement à la relance du tourisme dans une ville sinistrée par la crise économique.

Si tous ces Sedanais sont là aujourd'hui, c'est parce qu'ils ont joué un rôle décisif dans l'aboutissement de ce projet. Leur contribution a permis de boucler un montage financier complexe et original qui a fait appel aux subventions publiques mais aussi aux financements privés et donc à l'épargne locale.

Ils ont tous donné quelques milliers d'euros – pour certains, c'est beaucoup d'argent – en échange d'une réduction d'impôt et de deux nuits gratuites par an. Sans oublier l'apéritif gratuit lorsqu'ils déjeuneront ou dîneront au restaurant gastronomique. Ces petits copropriétaires accéderont ainsi de temps en temps à la vie de château. Ils ne savent pas encore s'ils ont fait un bon placement. Tout dépendra de la qualité du management mis en place par la société France Patrimoine, à qui la Mairie a confié la gérance du lieu. Mais ils ont prouvé que les Ardennais savaient se mobiliser pour de beaux projets. La fierté d'être les acteurs de la restauration de leur château est palpable. Ce soir, ils ne sont pas seulement venus prendre une coupe de champagne, ils ont hâte de découvrir « leur » hôtel.

Didier Herbillon, le maire de Sedan, et la plupart des hommes politiques locaux sont également présents au milieu de leurs électeurs. Le premier voit aboutir en cette belle journée de printemps l'un des projets qui lui sont le plus chers. Dans un premier temps, il a poussé l'idée dans le cadre de l'office de tourisme dont le directeur, Jérôme Dablain, l'a accompagné à toutes les étapes de cette aventure ; ensuite il s'est mobilisé à la Mairie, propriétaire du château. Jeune maire adjoint de Jean-Paul Bachy puis de Dominique Billaudelle, il s'est battu pendant des années pour créer un établissement hôtelier dans le château fort.

La rencontre avec Régis Glorieux, un entrepreneur qui a déjà mené à bien des projets identiques dans d'autres sites prestigieux sur le territoire français, s'est révélée décisive. C'est lui qui va exploiter le petit palace médiéval. Glorieux a suivi le chantier dans sa phase finale, ce qui n'était pas une mince affaire. Verre en main et sourire aux lèvres, Herbillon et Glorieux se rappellent les derniers épisodes les plus rocambolesques de leur aventure commune. Comme ce jour où un mur s'est effondré, entraînant un surcoût global de 500 000 euros ; sans parler de l'épisode ubuesque au cours duquel les pompiers de Sedan, venus en inspection, ont subitement refusé de donner leur agrément : le camion de la grande échelle ne pouvait pas passer par le pont-levis pour entrer dans la cour du château. Accouru en urgence, Didier Herbillon s'amuse encore d'avoir réglé le problème en suggérant de replier les rétroviseurs du véhicule. Le camion passait tout juste !

Les couacs, petits et grands, font aussi le quotidien de la dizaine de salariés de l'hôtel. À l'occasion de cette inauguration, ils sont d'abord sur le pied de guerre pour organiser la visite des lieux. Ils escortent par petits groupes les invités du jour. Les travaux ne sont pas encore complètement terminés, les suites installées dans l'ancien casernement en sont aux ultimes finitions. Quant au restaurant gastronomique, il sera prêt seulement à la fin de l'année. Au milieu du staff, Aurore Iwanciw, une jeune femme blonde d'une trentaine d'années, se distingue. Vive et pétillante, cette native de Mouzon, dans les faubourgs de Sedan, a eu Didier Herbillon comme professeur au lycée des métiers de Bazeilles. Elle a commencé sa carrière à la Mairie de sa ville d'origine avant de rejoindre l'hôtel Le Château fort comme attachée commerciale. Elle avait eu connaissance du projet lors d'une réunion de présentation aux investisseurs locaux. Elle n'a pas mis d'argent dans l'aventure mais elle a décroché un job. C'est elle qui a accueilli les premiers clients quelques mois plus tôt, dès le 14 août 2004. Treize chambres réservées de longue date pour un mariage. Rien n'était prêt, les chauves-souris peuplaient encore le bâtiment, les meubles étaient arrivés *in extremis*. Toutes les autres chambres étaient en travaux, l'odeur omniprésente de peinture fraîche... Mais ce test a réussi : la noce est repartie satisfaite.

Depuis, les choses ont heureusement pas mal avancé. En décembre 2004, les quarante chambres du bâtiment principal ont été achevées tant bien que mal. Les clients ont commencé à affluer. Il est vrai qu'Aurore Iwanciw s'est démenée : elle a négocié plusieurs accords avec des entreprises locales, qui paient seulement 66 euros une nuitée avec petit déjeuner inclus, alors qu'un particulier déboursera 86 euros.

L'événement s'achève à la nuit tombée. Les Sedanais regagnent leur domicile. La plupart sont convaincus que leur argent a été bien investi, que Sedan tient son hôtel de charme, un atout rare : ils se comptent sur les doigts d'une main dans les Ardennes. Surtout, le château fort qui surplombe la ville depuis des siècles est redevenu un centre de vie.

8

J'AIME MON BANQUIER

Charleville-Mézières, septembre 2005

« Entendu, monsieur Champeaux. Je vous remercie. À vendredi, donc. » Julien Sauvage vient de raccrocher après un court échange avec son banquier. Rendez-vous est pris pour dans deux jours. La partie paraît serrée mais il y croit de toutes ses forces. De toute façon, il n'y a pas trente-six solutions. Rembourser les dettes ? Ils n'ont pas un centime pour le faire. Demander des subventions ? Jamais cela ne marchera. Pas le choix donc, il faut continuer à avancer. Il se prépare à jouer une partie délicate.

Dans son bureau, au domicile d'Alberto Fernandez, Julien est tendu. Concentré, il griffonne quelques lignes puis se tourne à nouveau vers son ordinateur.

Il est stressé. Et pourtant il devrait être heureux. Le festival qu'il a tant voulu a eu lieu le week-end précédent. Avec éclat. Deux jours de fête et de concerts organisés avec le soutien de la Mairie de Charleville-Mézières, sur l'ancien site industriel de La Macérienne.

Près de dix mille personnes ont fait le déplacement. Bien plus que ce qu'ils imaginaient. Ils avaient prévu la fabrication et la vente de mille cinq cents sandwichs. Ils ont vite été débordés ! Cette affluence extraordinaire pour une première édition a bluffé tout le monde, notables, journalistes, et les organisateurs eux-mêmes. Les jeunes mais aussi les familles et les moins jeunes ont répondu à l'appel. Et tout s'est passé dans le calme et la bonne humeur.

À force d'opiniâtreté, les nombreuses barrières qui étaient sur la route de Julien sont tombées. Une à une.

Obtenir l'autorisation de s'installer à côté de la friche industrielle, au cœur de la cité de Mézières, n'a pas été simple. Alberto Fernandez s'était chargé de mener la négociation. C'est lui qui avait suggéré ce site à Julien Sauvage. Les arguments en sa faveur étaient nombreux. Le site était intégralement propriété de la Mairie, ce qui simplifiait la discussion. De plus, les anciennes usines et leurs terrains longeaient le stade Bayard, dont les bâtiments, équipés d'un vestiaire et d'un gymnase, fourniraient la base logistique idéale. Et puis le lieu était aussi prolongé par une prairie qui pouvait offrir une zone pour accueillir le public. Le seul hic, et celui-ci était de taille car la Mairie se refusait à intervenir et à se mouiller, c'est que le Rugby Olympique Charleville ne voyait pas du tout d'un bon œil l'utilisation de son terrain et de ses vestiaires. Au moment de la reprise de la saison, il ne pouvait accepter que la pelouse, entretenue tout l'été, ait été saccagée. Alberto est allé les voir plusieurs fois et a su les rassurer.

Pour financer le festival, ils ont actionné toutes les manettes. Celle des subventions auprès des collectivités et des élus ; celle du mécénat auprès des entreprises ardennaises. Quand ces dernières ne pouvaient pas faire de dons, Julien Sauvage les incitait à prêter du matériel ou des compétences. Le mot d'ordre était de mobiliser les acteurs économiques et politiques autour d'une cause : celle de la solidarité locale. Jouer sur la fibre patriotique, la fierté ardennaise. Le choix même du nom du festival, le Cabaret vert, était un clin d'œil à l'œuvre d'Arthur Rimbaud, né à Charleville-Mézières, que seuls les connaisseurs pouvaient comprendre.

Même si les relations avec la Mairie étaient cordiales, la discussion n'a pas été simple et il a fallu du temps et de longues tractations pour se mettre d'accord. Le festival voyait le jour dans le cadre des Journées de Mézières, un ensemble d'animations culturelles prévues sur plusieurs jours, dont il était d'une certaine manière le point d'orgue. Mais la relation avec la Mairie était un fil à la patte des équipes de FLaP. Ces dernières ne pouvaient pas faire ce qu'elles voulaient. Elles souhaitaient notamment faire payer l'accès au concert. Les élus municipaux s'y refusaient car leur soutien au festival, qui incluait une subvention, se faisait sous condition de gratuité et d'ouverture large à tous. Julien savait bien qu'il ne réussirait pas à boucler son budget s'il ne prévoyait pas un ticket d'entrée. La municipalité n'était pas consciente des équilibres financiers de l'événement et du fait que les subventions versées par les collectivités locales ne suffisaient pas à couvrir les cachets des artistes et l'ensemble des dépenses. Finalement, un compromis a été trouvé : il a été décidé d'organiser le festival sur deux jours, dont l'un totalement gratuit.

Pour préparer la programmation, Julien a fait feu de tout bois. D'abord, il a su exploiter avec finesse les réflexes acquis et les bons contacts qu'il avait su tisser l'année précédente, durant son stage à Yelen. Grâce à cette expérience, il a commencé à faire son trou dans le microcosme des musiques actuelles, au-delà de ses contacts ardennais. Son carnet d'adresses comprenait déjà quelques artistes ou des groupes qu'il avait croisés, ainsi que des agents et des tourneurs. Et quand il ne les connaissait pas, il pouvait sortir sa meilleure carte de visite : son stage auprès de Patricia Bonnetaud valait de l'or. Il ne s'est pas privé d'en jouer. Il a aussi eu la chance inouïe de préparer le festival pendant quelques mois de stage passés dans une agence artistique, P Box. On l'a laissé libre d'y passer du temps. Mieux encore, quand il s'est rendu compte qu'il avait du mal à booker des artistes – beaucoup étaient déjà pris, tous les festivals de l'été étant déjà programmés depuis longtemps –, P Box lui a sauvé la mise. Grâce à elle, il a décroché ses têtes d'affiche. C'est ainsi qu'il a pu compter sur Mano Solo, en plus de Jacques Higelin, de Mass Hysteria et d'une dizaine d'autres artistes sur deux jours.

Mais aujourd'hui, la situation n'est pas rose. Julien tente d'identifier les dépenses effectuées sur chaque poste et de pointer les factures en attente. Pour y voir clair, il a disposé les factures des fournisseurs en trois piles devant lui : celles qui ont déjà été payées, celles qui ne peuvent attendre et celles qui lui paraissent négociables, qu'il pourra échelonner.

Alberto rentre alors que Julien est plongé dans les colonnes de son tableur. « Salut gros, je viens te filer un coup de main. » Heureusement que Julien peut compter sur lui. Alberto est son double. Ensemble, depuis maintenant des mois, ils discutent, ils réfléchissent méthodiquement, ils élaborent la stratégie. Tout est pensé. Tout est pesé. Tout est anticipé. Dès qu'ils le peuvent, ils vont aux rendez-vous ensemble. Et quand ce n'est pas possible, chaque rendez-vous est minutieusement préparé. Fixation des objectifs, définition du discours, identification des arguments, préparation des réponses aux objections. Dès qu'un rendez-vous est terminé, ils débriefent, notent tout ce qu'ils ont appris et adaptent déjà leur topo pour leurs prochaines étapes. C'est carré, c'est quasiment militaire, c'est redoutable. Ensemble, ils ont travaillé des mois pour décrocher puis réussir les rendez-vous avec les partenaires financiers, institutionnels et les fournisseurs du festival. C'est également ensemble qu'ils comptent redresser la barre. Leur stratégie pour sortir de l'ornière financière est clairement formée dans leur tête. Ils vont réunir les responsables opérationnels comme le bureau de l'association pour en discuter.

« Merci à tous d'être venus ce soir. Si on se voit, c'est, vous le savez, pour faire le point », commence Julien. Les derniers arrivent. Ils saluent l'assistance, poussent les chaises en les faisant grincer sur le sol, s'installent un peu bruyamment là où il y a de la place. Au complet, ils sont une vingtaine. La petite équipe de FLaP est réunie dans son QG, la boulangerie Delille. Autour de Julien, il y a le petit comité des fondateurs. Alberto, Guillaume, Gauthier, Céline et Yves. Et il y a la douzaine de responsables bénévoles qui sont venus étoffer l'équipe au fil des derniers mois. Julien reprend. Le regard est franc, décidé ; la lueur de malice habituelle en moins.

« D'abord, il faut que je vous le dise. On a fait, vous avez fait un boulot de dingues ! On peut vraiment être fiers de nous. Nous avons réussi à monter un festival en quelques mois en plein cœur de la ville. Personne n'y croyait, tout le monde nous disait que c'était impossible ! Vous vous souvenez ? Mais nous, on y croyait. Vous avez tous été au rendez-vous. À la technique, à la billetterie, à la restauration, à la sécurité, aux loges… Franchement, on a montré que dans les Ardennes on sait faire, on sait monter un événement d'envergure. Je suis hyper fier. Et vous pouvez tous être fiers. Bravo les gars ! déclare-t-il tout en frappant ses mains l'une contre l'autre.

— Bravo !!! Bravo !!! »

Tous applaudissent un long moment, sourire aux lèvres, avant que Julien ne reprenne.

« Les amis, on a déjà eu l'occasion de se dire ces choses-là. Malheureusement, tout n'a pas marché comme nous l'espérions. Et si nous sommes réunis ce soir, c'est pour parler des suites à donner au Cabaret vert. Certains d'entre vous le savent, on est confrontés à une situation financière compliquée. On va vous en dire plus. Mais avant d'aller plus loin, je vais laisser la parole à Alberto, qui va nous dire un mot ou deux. »

Le parrain de l'association s'avance au milieu de l'assistance. Il salue la réussite du festival ainsi que le travail de toute l'équipe.

« Le chiffre est énorme pour les Ardennes. On a réussi à faire 10 000 entrées payantes le premier soir. On a eu 6 000 spectateurs le lendemain. Franchement, ça force le respect ! Et ç'a été un succès aussi auprès des partenaires, qu'il s'agisse des institutionnels, des élus, du département. La maire est aux anges ! On a su organiser à Charleville-Mézières un événement au top niveau. Les managers des groupes nous l'ont dit aussi. Ils ont vraiment apprécié l'accueil dans les loges et le public. Donc on est contents, c'est vrai, mais on a un problème pour la suite. Julien a suivi les tableaux de bord financiers. On va vous exposer la situation. »

Julien reprend la parole et se lance dans une présentation détaillée du bilan financier du festival. Quand l'équipe de FLaP s'est lancée dans l'aventure, quelques mois plus tôt, l'association avait 400 euros sur son compte bancaire. Sur la base d'un projet auquel personne ne semblait croire, ils ont réussi à monter et à financer un budget de 230 000 euros ! Tout a été minutieusement calculé, prévu. Côté recettes, il y a les subventions, les entrées et, en bonus, les ventes de sandwichs et de boissons. Côté dépenses, l'addition est salée : location de matériel, frais d'installation et de régie, cachets des artistes, catering et buvette, sécurisation du site et nettoyage.

Julien détaille ces budgets, poste par poste, et conclut : « Après avoir fait les comptes, il nous manque 23 000 euros. » Le silence est lourd. L'équipe ne peut refréner quelques exclamations de stupeur. « Comment ça se fait ? »

Les dépenses se sont accumulées, au-delà de ce qui avait été prévu. Malheureusement, de nombreux postes – parfois mineurs – ont été oubliés ou sous-estimés. Le manque d'expérience. Quelques dizaines ou centaines d'euros de-ci de-là, des impondérables de dernière minute, les coûts ont dérapé et la situation est maintenant préoccupante. Après tant d'efforts, la potion est amère. Un vrai coup au cœur.

« Mais qu'est-ce qu'on fait, dans ce cas ? C'est la galère…

— Ben, il va falloir qu'on trouve une solution, parce que les prestataires commencent à nous courir après. Bon, ça va, jusque-là on a pu leur expliquer qu'on était débordés, qu'il fallait qu'on gère toutes les suites du festival. Ça va marcher quelques jours seulement.

— Mais là, on est coincés, faut qu'on trouve une solution. Sinon on est morts. Ce sera fini pour nous. On aura fait un Cabaret vert et puis bye bye ! »

L'équipe, majoritairement constituée de jeunes d'une vingtaine d'années, peu expérimentés et qui peinent souvent eux-mêmes à gagner leur croûte, se sent impuissante et dépassée. Les caisses sont vides. Le compte bancaire est dans le rouge, plus aucun paiement ne peut passer. Le banquier a appelé, inquiet de voir la situation se dégrader. L'avenir du festival se joue dans les jours, dans les semaines qui viennent, et la possibilité d'une deuxième édition semble s'éloigner. Et puis, qui va rembourser les sommes dues ?

À la demande de Julien et d'Alberto, ils débattent pendant un long moment. Toutes les hypothèses sont passées en revue. Mettre la pression sur le conseil général, les députés, la Mairie pour obtenir plus de subventions ? Rajouter une journée de festival pour augmenter les recettes ? Chercher de nouveaux partenaires parmi les entreprises des Ardennes ? Tout paraît compliqué. « Côté Mairie, ils ont bien dit qu'on n'aura jamais beaucoup d'argent public. Ça te met la rage, quand même. On leur organise un événement clé en main, on leur sauve la mise et niet ! » Bérengère Poletti, députée de la circonscription, leur a déjà versé 5 000 euros de sa réserve parlementaire. Côté département, Benoît Huré, le président, fait tout son possible pour ne pas être mêlé à cette affaire à laquelle il ne croit pas et qui en plus sert une municipalité socialiste, alors que lui est UMP. Pour les partenaires, il sera difficile de les solliciter ; le festival laisse des ardoises et cela va commencer à se savoir. Tout se sait très vite dans les Ardennes.

Julien conclut la réunion : « Il y a peu d'options sur la table. Soit il faut trouver l'argent tout de suite, et je ne vois pas trop où ! Soit on arrive à calmer tout le monde, banquier, partenaires et Mairie, pour se refaire en planifiant une deuxième édition. L'idée, c'est de voir plus grand pour le festival et de faire la culbute. »

Julien et Alberto s'apprêtent à jouer une partie très audacieuse. Ils ont patiemment identifié leurs atouts. Ils ont minutieusement tissé leur réseau, créé la confiance. Ils connaissent les différents interlocuteurs. Ils se préparent à un périlleux quitte ou double qui se jouera en trois manches. La première commence dès le lendemain dans le bureau du banquier.

« Bonjour, monsieur Champeaux !

— Ah ! Bonjour, monsieur Sauvage ! Ravi de vous voir. Je vous en prie, suivez-moi dans mon bureau. Je vous offre un café ? »

Francis Champeaux est le directeur de l'agence du Crédit mutuel à Charleville-Mézières. Les deux hommes s'installent. Julien est concentré, un peu stressé mais, comme à son habitude, il ne laisse rien paraître et affiche une jovialité qui étonne le banquier. Ce dernier ressent une sincère sympathie pour son visiteur. Derrière son costume de banquier se cache un spectateur totalement conquis du Cabaret vert. Il faut dire qu'il est fan de rock indépendant. Il a l'habitude d'assister à des concerts dans les bars du coin. Il a d'ailleurs vu Julien jouer avec les Lads People. C'était au Rocktosorus, un bar de Charleville-Mézières. Il est venu assister aux deux journées de concert. Il est attristé de voir la situation du FLaP mais il ne laisse rien paraître, lui non plus.

« Écoutez, je suis désolé, mais je vais devoir m'opposer à un chèque de 523 euros qui a été présenté ce matin. Je n'aime pas devoir faire ce genre de chose. Surtout, il ne faudrait pas que d'autres demandes de paiement surviennent. Bien entendu, nous connaissons bien votre mère et il était naturel de vous ouvrir un compte. Mais je ne vous cache pas que la direction régionale me demande des explications. J'ai une certaine marge de manœuvre car j'ai la chance d'avoir une agence avec une clientèle sans risques. Mais je ne peux pas faire de miracle.

— Oui, justement, c'est une très bonne chose que nous puissions nous voir. C'était vraiment nécessaire pour faire le bilan du Cabaret vert et vous indiquer l'état de nos comptes ainsi que notre prévisionnel. Car bien sûr, nous sommes en train de clôturer cette première édition mais nous travaillons déjà à la suivante.

— Je suis impatient de savoir ce que vous avez en tête. Mais vous savez qu'en tant qu'association vous ne pouvez pas présenter de pertes. Et vous vous êtes tout juste lancés. Votre situation est délicate, mais je vous écoute. »

Julien explique. Habité, sûr de lui, jamais à court d'argument, il développe son projet de lancer une deuxième édition, plus ambitieuse. Il veut passer à trois jours, augmenter la fréquentation comme les recettes et, maintenant qu'il connaît bien les paramètres financiers, il veut faire la culbute. Rembourser les pertes de cette année.

Francis Champeaux écoute et veut se laisser convaincre. L'amateur de rock sait bien que la démonstration du Cabaret vert a été magistrale. Côté programmation, comme côté organisation et affluence, tous les voyants sont au vert. La clientèle de son agence, composée majoritairement de fonctionnaires et d'enseignants, engendre peu de contentieux. Beaucoup d'épargne, peu de placements risqués. Il peut se permettre d'engager un crédit de trésorerie. 23 000 euros, c'est si peu pour lui.

« Et la Mairie vous a donné son accord ? interroge-t-il.

— Ah oui ! Ils sont enchantés et hyper partants. »

Julien s'avance beaucoup, c'est ici que le coup de bluff commence. Et il en rajoute !

« Et parmi nos partenaires, des entrepreneurs comme Urano sont à nos côtés, prêts à recommencer.

— Dans ces conditions, je pense que je vais pouvoir m'engager et la direction régionale me suivra. Dans les jours qui viennent, vous allez me donner toutes les informations sur les règlements qui ne peuvent attendre et on va vous mettre en place une ligne de crédit. »

Julien sort de ce rendez-vous avec le sentiment du devoir accompli. Il a préparé le terrain. Mais la partie n'est pas encore gagnée. Loin de là. Il se sent comme un équilibriste sur son fil, au-dessus du vide.

Dans les semaines qui suivent, Julien et Alberto s'activent en tous sens pour décrocher rapidement une réunion à la Mairie – c'est ce qu'il y a de plus urgent – et recontacter tous les partenaires mais aussi les prestataires qui ont participé au premier Cabaret vert. L'objectif est d'aligner les planètes.

Avec Claudine Ledoux et ses adjoints, il s'agit de signer pour une deuxième édition. Dès l'année suivante, en 2006, sans attendre. D'après les échos qu'ils en ont, la Mairie est réticente, préférant opter pour un festival tous les deux ans qui alternerait avec celui des théâtres de marionnettes. Ce dernier est organisé à Charleville-Mézières depuis 1961. Il attire une large communauté de professionnels et d'amateurs venus du monde entier. Thaïlande, Italie, Japon, Afrique du Sud, Chili. Des troupes originaires des cinq continents convergent, l'espace de quelques jours, au creux des Ardennes françaises, dans la ville de Rimbaud, pour en faire la capitale mondiale des théâtres de marionnettes. Pas moins de cent quarante mille festivaliers se retrouvent pour le in et le off du festival. Les élus en charge de la culture et de l'animation ne pensent pas qu'il soit possible que les deux événements aient lieu la même année, à quelques semaines d'écart.

En attendant que la discussion avec la Mairie avance dans le sens qui leur convient, Julien et Alberto rencontrent les dizaines de partenaires que le Cabaret vert a pu fédérer. Maintenir le lien. Entretenir le feu. Lors de leurs rencontres avec ces entreprises ou associations des Ardennes, les deux émissaires de FLaP parlent affluence, retombées économiques, retour d'expérience sur le festival qui vient de se dérouler et annoncent avoir mis en branle la machine pour la deuxième édition. « La Mairie nous soutient », prétendent-ils. Ils n'hésitent pas à faire jouer la corde sensible en dévoilant une partie de leur mauvaise passe financière tout en sollicitant la fibre patriotique ardennaise. Ils montrent qu'ils se battent pour l'avenir du territoire. Et ça marche. Un à un, les partenaires se disent prêts à resigner.

Les semaines passent. La troisième manche est toujours engagée, mais sans avancée majeure. Finalement, un matin, Julien reçoit un coup de fil de la Mairie. « Mme Ledoux et la commission Culture ont décidé de vous accorder l'autorisation d'organiser la deuxième édition en septembre prochain. » Après avoir frôlé le précipice, le festival est remis sur les rails et Julien Sauvage rêve déjà de passer à une échelle plus grande !

9

DOUCHE FROIDE

Charleville-Mézières, 27 août 2010

« Comment ça se passe, du côté des accès Meuse ? demande Julien Sauvage.

— Toujours pareil. Les Manitou n'arrivent pas à passer.

— La poisse ! Les gars, il nous reste à peine cinq heures avant l'ouverture au public. »

La situation est catastrophique. Ils sont au milieu d'un champ de boue, il pleut sans discontinuer depuis la veille et les prévisions météorologiques ne sont pas meilleures pour les heures qui viennent. La sixième édition du Cabaret vert démarre le jour même avec trente-sept artistes attendus sur scène, parmi lesquels Massive Attack et Olivia Ruiz. Ils ont battu un record de vente de billetterie : ils étaient trente-cinq mille festivaliers en 2009, ils en attendent quarante et un mille cette fois-ci ! Depuis sa création, le festival affiche une progression continue. D'ailleurs, cette année, ils ont même décidé de doubler la surface.

Plus que jamais sur les charbons ardents, Julien n'a pratiquement pas dormi de la nuit. Il est arrivé aux aurores sur le site de La Macérienne pour gérer la situation et constater, impuissant, les dégâts. Sous le ciel gris et le rideau de pluie, les bénévoles qui luttent contre les éléments pour finir d'installer les scènes et les stands ressemblent à des zombies. Julien se dirige vers les backstages. Ou plutôt ce qu'il en reste. Des cloisons, des chaises, des sofas détrempés.

Ni une ni deux, il appelle à la rescousse l'adjointe aux travaux de la Mairie de Charleville-Mézières. Il la connaît bien. Il siège depuis deux ans avec elle au sein de la majorité socialiste menée par la maire, Claudine Ledoux. « Ce que je pense ? Que je ne vais pas pouvoir accueillir le public. À l'heure où je te parle, on est partis pour rembourser… Je ne vois aucune autre option. » La réponse de l'élue est immédiate : « Appelle Urano… ».

Pascal Urano, fils d'un entrepreneur de BTP, a considérablement développé l'affaire familiale jusqu'à en faire l'une des plus grosses boîtes du secteur dans le nord de la France. Non content d'avoir propulsé son entreprise sur le haut du podium, il a créé une filiale de vente automobile mais aussi racheté le club de football de Sedan en 1994. Grande gueule et figure incontournable des Ardennes, il mouille le maillot pour son territoire dès qu'il le faut.

Très vite, Julien est aiguillé vers le bras droit d'Urano : « Pas de problème, je peux intervenir dès lundi. » Donc trop tard ! Dépité, Julien se prépare au pire : annoncer l'annulation des concerts pour la journée, gérer les spectateurs venus par milliers, certains installés dans le camping limitrophe, gérer les artistes. Quelques minutes plus tard, son interlocuteur le rappelle : « Monsieur Sauvage ? C'est bon, on arrive pour 13 heures. »

À l'heure dite, un convoi exceptionnel s'approche du site. Un gros 4 x 4 suivi d'une dizaine de camions, quatre ou cinq pelleteuses, une douzaine d'ouvriers. Luttant contre les éléments, ils parviennent à dégager les accès, posent des barrières. En définitive, le festival ouvre ses portes à 15 heures au lieu de 14 heures. Tous soufflent.

La pluie finit par se calmer dans l'après-midi mais, après un samedi au sec, elle revient toute la journée du dimanche. Le public patauge en bottes et ciré. Peu importe, 46 000 entrées ont été vendues, ce qui est plus que les années précédentes. Julien Sauvage n'a pas eu à payer un centime à Pascal Urano. Malgré tout, les comptes sont dans le rouge, les ventes sur place ont été moins nombreuses que prévu et n'ont pas permis de couvrir les dépenses d'un festival deux fois plus grand. Retour à la case départ, comme en 2005.

L'association FLaP boit le bouillon et passe en fonds propres négatifs. Elle n'a pas assez pour payer les salaires des permanents ni pour avancer les cachets des artistes les plus demandés. Impossible d'avoir les coudées franches pour programmer les têtes d'affiche de la prochaine édition. L'équipe apprend qu'Iggy Pop sera en Norvège pour un concert cinq jours avant le festival de 2011. Une aubaine ! Mais l'agent réclame un très gros cachet pour que la star reste quelques jours en Europe à ne rien faire, et en plus il exige que la moitié du cachet soit versée avant l'annonce. Ce qui représente une colossale avance de trésorerie de plusieurs mois...

Francis Champeaux, le banquier qui avait sauvé le Cabaret vert en 2005, n'est plus directeur de l'agence de Charleville. Le nouvel interlocuteur de Julien Sauvage lui propose un prêt de 60 000 euros. « Mais qu'est-ce que je peux en faire ? » C'est loin d'être suffisant pour survivre jusqu'à l'été suivant.

Heureusement, l'équipe est restée en contact avec l'ancien banquier. Celui-ci demeure un fan inconditionnel. Chaque année, il réserve le passe pour toute la durée du festival. On le voit arpenter les allées du Cabaret vert et se déhancher du matin au soir, verre de bière à la main. Jamais découragé, Julien décide de jouer cette carte. Ravi de pouvoir aider à nouveau, Francis Champeaux échafaude un plan et embarque son ancien client.

« Je me suis renseigné. Voilà l'idée : le patron du Crédit mutuel Europe sera bientôt en visite pour inaugurer la nouvelle agence de Charleville-Mézières. Il faut qu'on réussisse à le choper.

— OK. Ça me branche bien. Comment tu vois ça ?

— Je t'ai trouvé une invitation à l'inauguration. On va y aller, on se débrouillera pour lui parler. »

Le jour dit, une coupe de champagne à la main et l'œil amusé, Julien se fond dans la foule des invités. Il est accompagné de son sponsor, Francis Champeaux. Les clients, la presse et quelques élus locaux sont venus pour l'occasion. Les choses s'enchaînent incroyablement : l'un des élus prend la parole et le hasard veut que ses yeux glissent sur l'une des affiches accrochées dans l'agence, *Le Crédit mutuel donne le la aux musiques que vous aimez !*, qui glorifie l'implication de la banque auprès de la sphère musicale. Inspiré par ce qu'il voit, l'élu se met à évoquer le Cabaret vert devant l'assistance et vante cette initiative 100 % ardennaise.

Quand vient son tour de prononcer quelques mots, le patron européen du Crédit mutuel manifeste son intérêt : « Je ne sais pas ce que c'est que le Cabaret vert, mais apparemment il faut en parler ici. » Une fois les allocutions terminées, Julien Sauvage et Francis Champeaux se faufilent jusqu'au patron du réseau et se présentent. Intarissables, ils lui racontent le concept, partagent la progression fantastique de ce festival aujourd'hui d'envergure nationale et racontent le couac de l'été précédent. « Ça a l'air super, votre festival. Je vais voir ce que je peux faire pour vous. »

Quelques jours plus tard, le téléphone sonne dans les locaux de l'association. « Julien, quelqu'un du Crédit mutuel te demande. » La direction de la communication et du mécénat du Crédit mutuel a décidé de lui allouer une aide inédite. Pour la deuxième fois, le Cabaret vert est sauvé du précipice par sa banque !

10

DES SANGLIERS DÉMUNIS

Lyon, 12 juillet 2013, 12 h 30

Ils sont cinq à table, installés à une terrasse ensoleillée de la gare de Lyon-Part-Dieu. Tous sont venus de loin pour se retrouver autour d'un déjeuner pas comme les autres. Trois des participants sont partis des Ardennes au petit matin, les deux autres sont montés de Saint-Raphaël, sur la Côte d'Azur. Ils ont malgré tout un point commun : ils sont tous sedanais. En provenance du nord, Didier Herbillon est accompagné de deux de ses adjoints au conseil municipal. Venus du sud, Gilles et Marc Dubois sont deux frères, originaires de la ville. Leur mère y réside toujours, dans la maison de famille où ils ont grandi.

S'ils ont fait tout ce chemin en voiture, c'est pour se pencher ensemble sur le destin d'un club de football très mal en point, celui de Sedan. Les uns cherchent des repreneurs, les autres sont des acheteurs potentiels.

L'équipe a connu des heures de gloire dans les années soixante, elle a gagné la Coupe de France et occupé constamment les tout premiers rangs dans le championnat de première division. À cette époque, elle a compté dans ses rangs le Camerounais Zacharie Noah, le père de Yannick, futur vainqueur de Roland-Garros. De nombreuses stars du ballon rond sont passées par Sedan avant de réussir ailleurs. Mais les Sangliers (le surnom des joueurs sedanais) sont très fatigués. Le Club sportif Sedan Ardennes est carrément menacé de disparition. Son propriétaire depuis le milieu des années quatre-vingt-dix, l'entrepreneur ardennais Pascal Urano, a jeté l'éponge : il ne veut plus combler le trou béant des finances du club. Après que Sedan est revenu au plus haut niveau français au tournant des années deux mille, la situation s'est dégradée. Il a laissé près de 20 millions d'euros de sa fortune personnelle dans ce qui est devenu pour lui un puits sans fond.

Depuis plusieurs mois, les élus sedanais ne ménagent pas leur peine pour trouver un sauveur, ils cherchent même hors de France. Cette fois, ils pensent avoir trouvé la solution. Les frères Dubois, qu'ils rencontrent aujourd'hui à Lyon, semblent intéressés. Gilles Dubois, 53 ans, est un ancien joueur du club et son frère aîné, Marc, 59 ans, est un entrepreneur qui réussit dans les secteurs du bien-être et des maisons de retraite. Leur complémentarité est évidente, leur attachement à Sedan, incontestable. Sur le papier, c'est le ticket idéal pour sauver le CSSA. Les deux frères ont confirmé leur vif intérêt mais ils ont aussi fait savoir qu'ils ne s'engageraient pas à n'importe quel prix. D'où l'importance de cette rencontre lyonnaise qui sera suivie d'un rendez-vous avec des intermédiaires représentant un prince saoudien qui veut investir dans le football français. Tout doit être bouclé avant la reprise de la saison de football, prévue à la fin du mois d'août. Il faut reconstruire une équipe, recruter des joueurs. Le temps est compté.

Comme souvent à cette période de l'année, il fait très chaud dans la capitale des Gaules. Tout le monde est en bras de chemise. Dès que les rafraîchissements sont servis, le maire de Sedan engage la conversation :

« Messieurs, heureux de vous revoir. Je vous présente mes deux adjoints qui, comme vous le savez peut-être, suivent le dossier du club à mes côtés. Christian Apotheloz, mon bras droit à la Mairie, et Franck Marcot, qui est en charge du sport. Avez-vous fait bonne route ?

— Très bonne, la circulation était dense ce matin, mais pas de bouchons, répond Marc Dubois. De votre côté, à quelle heure avez-vous quitté Sedan ?

— Nous sommes partis très tôt, vers 6 h 30, c'est Franck qui a conduit le plus clair du temps. Tout s'est bien passé.

— Je suis heureux que nous puissions enfin avancer concrètement, reprend Marc Dubois. Avec Gilles, nous sommes convaincus que le club peut repartir de l'avant.

— C'est une bonne nouvelle. La réunion avec les deux émissaires du prince saoudien Fahad dont vous nous avez parlé est-elle confirmée ?

— Oui, ils nous rejoindront à 15 heures dans une salle de réunion de l'hôtel, situé de l'autre côté du parvis, au-dessus du centre commercial. Je croise les doigts mais je pense que nous avançons bien avec eux.

— Puissiez-vous dire vrai, rétorque le maire de Sedan. Mais quoi qu'il arrive, notre temps est compté. Pascal Urano, le président sortant, va déposer le bilan de façon imminente. Il faudra dans la foulée effectuer très vite toutes les démarches auprès du tribunal de commerce et des autorités du football. »

Pour Didier Herbillon, un scénario catastrophe, celui d'une liquidation pure et simple, est inacceptable. Le CSSA est son club de cœur. Son père en a été un des dirigeants : il a entraîné les équipes de jeunes pendant vingt-six ans. Le maire de Sedan a touché ses premiers ballons dès l'âge de 8 ans avant de renoncer à une hypothétique carrière de joueur professionnel pour se consacrer à ses études. Parti à Nancy pour faire hypokhâgne, il a marché dans les traces de son paternel en devenant entraîneur de plusieurs équipes. Dès son entrée dans la vie politique locale, en 1995, comme l'un des adjoints du maire socialiste, Jean-Paul Bachy, il a été chargé de prendre en main ce dossier. Le sujet était déjà sensible : Pascal Urano venait de reprendre le CSSA après une première grave crise financière.

Les vert et rouge, le deuxième surnom du club, jouent donc, depuis très longtemps, un rôle majeur dans sa vie. Mais l'enjeu est désormais à la fois sociétal et économique pour le premier magistrat de la ville. La population sedanaise, et celle de l'ensemble du territoire qui entoure la ville sont attachées à cette équipe qui les a fait vibrer en Coupe de France mais aussi en Ligue 1. C'est un facteur de stabilité dans une période pas facile pour les Ardennes. Et l'entretien du nouveau stade de 23 000 places, inauguré au tout début des années deux mille, coûte cher. Autour de 600 000 euros par an. Si le club ne retrouve pas le haut niveau, le boulet deviendra insupportable pour les finances d'une Mairie déjà surendettée. *Last but not least*, Didier Herbillon ne peut pas envisager de se représenter sereinement aux prochaines élections municipales de 2014 sans avoir résolu le problème. Alors il se démène. Il passe ses journées au téléphone avec le président sortant pour s'assurer qu'il ne joue pas la politique du pire en laissant dériver les finances du club. Car sportivement aussi la situation est critique.

Si le maire de Sedan a décidé de faire six heures de route flanqué de deux de ses adjoints pour honorer ce rendez-vous lyonnais, c'est qu'il n'a plus de plan B. Il est impératif que les frères Dubois reprennent le CSSA. Cela ne va pas de soi. Une première rencontre a réuni les deux prétendants et le sortant, Pascal Urano, dans un hôtel situé au cœur de l'aéroport de Roissy-Charles-de-Gaulle. Elle ne s'est pas bien passée. Marc Dubois se méfie. Urano est une figure de l'économie ardennaise. Concessionnaire Mercedes, il a vendu des voitures au gotha du football français, notamment à Michel Platini. Grâce à son bagout et profitant de ses relations dans le milieu, il est devenu au fil des années l'un des dirigeants de la Ligue de football professionnel. Son entreprise de travaux publics est incontournable dans la région. Au début de l'année, il a appelé Didier Herbillon pour lui annoncer qu'il laissait tomber le club et le mettait en vente. Le maire s'y attendait.

Marc Dubois est entrepreneur et ardennais comme Urano. Cela ne suffit pas à en faire des amis. Novice dans le football mais pas naïf, Dubois redoute de trouver des cadavres dans les placards. Il préférerait, et de loin, reprendre le club à la barre du tribunal de commerce après un dépôt de bilan. L'ambition qu'il partage avec son frère : repartir de zéro et remonter rapidement dans les divisions supérieures. Un projet qui suppose de trouver d'autres ressources. Le tandem Dubois pense avoir déniché le financement miracle auprès d'un certain prince saoudien, membre de la famille royale, qui veut investir dans le foot français. Sedan pourrait, si tout se passe bien, devenir ainsi une sorte de nouveau PSG.

Ce serait un scénario de rêve.

Devant les trois élus sedanais, Marc Dubois, celui qui présidera le club si tout se passe comme prévu – son frère se chargeant de la partie sportive –, se veut rassurant. Il confirme qu'ils seront bien au rendez-vous fixé par le tribunal de commerce courant août.

« Je suis convaincu que le redémarrage sera plus sain. Redresser le CSSA ne sera pas facile, nous aurons ainsi les coudées franches », explique Marc Dubois.

Pragmatique, Didier Herbillon doit oublier qu'au fil des années Pascal Urano, dont le caractère ombrageux fait trembler nombre d'Ardennais, est devenu son ami. L'avenir du club passe avant les sentiments.

« Nous vous faisons confiance, répond-il à Marc Dubois. Nous sommes heureux que ce soient des Sedanais qui prennent le relais. Vous pouvez compter sur l'entier soutien de la Ville pour ce projet. Franck Marcot sera votre interlocuteur dans l'équipe municipale. Mais vous pouvez me déranger à toute heure du jour et de la nuit si vous avez des questions à me poser.

Quant au prince Fahad, je me tiens à sa disposition. J'espère que nous pourrons le voir bientôt.

— Merci, monsieur le maire, rebondit Marc Dubois. C'est pour cette raison que la rencontre avec les émissaires de l'investisseur saoudien est importante. Je suggère que nous nous dirigions maintenant vers l'hôtel. Il est préférable de ne pas les faire attendre. En attendant, messieurs, vous êtes mes invités. »

Une fois l'addition réglée, la petite délégation se déplace donc vers la tour qui domine le centre commercial de La-Part-Dieu. L'endroit est sans charme mais climatisé. Il offre une vue à 360 degrés sur la capitale des Gaules.

Leurs interlocuteurs, Abdellah Amradouch et Mohammad Sabah, sont déjà arrivés. Les deux hommes gravitent depuis quelque temps dans les coulisses du football professionnel, toujours à la recherche d'argent pour financer un train de vie de plus en plus cher ou un projet sportif ambitieux. Connus comme le loup blanc, ils mettent volontiers leur carnet d'adresses à la disposition des dirigeants de clubs. Mais c'est donnant-donnant : leurs services sont rémunérés par de généreuses commissions. Ils gagnent donc à tous les coups. Ou presque.

En commençant cette réunion avec eux, Didier Herbillon et ses deux adjoints ne savent pas trop sur quel pied danser. Ils préféreraient faire affaire avec les seuls frères Dubois pour sauver leur club. Mais avec l'argent saoudien, la Ville ardennaise pourrait songer à un destin sportif de très haut niveau. Pragmatiques, ils vont jouer cette carte à fond.

C'est le moment pour les frères Dubois de décrire à nouveau leur projet. Et de chiffrer le montant dont ils auraient besoin pour donner au club une dimension nationale : 30 millions d'euros au minimum. Sur le papier, il n'y a pas de quoi effrayer les deux émissaires.

« Qu'en pensez-vous, messieurs ? Pouvez-vous rassurer le maire de Sedan sur les intentions de l'homme que vous représentez ? Peut-être pouvez-vous nous dire quelques mots sur lui ?

— Bien sûr, monsieur Dubois, lui répond Abdellah Amradouch. Le prince Fahad Al Saud est l'un des membres de la famille royale actuellement au pouvoir en Arabie saoudite. Il a décidé d'investir dans le football professionnel français. Mais ce ne sera pas une dépense de simple bon plaisir. Une des idées du prince est de créer à cette occasion un centre de formation pour les espoirs du football saoudien.

— Cela tombe bien, le club dispose d'un petit château qui pourrait être transformé en lieu d'accueil pour ces jeunes joueurs, précise Marc Dubois.

— Dans ce cas, je l'invite à nous rendre visite prochainement, je serai très heureux de le recevoir à Sedan, rebondit Didier Herbillon. Il pourra découvrir les installations du club mais aussi rencontrer les acteurs économiques de notre ville. En particulier les entreprises qui travaillent avec le Moyen-Orient et l'Arabie saoudite.

— Nous allons immédiatement lui transmettre votre invitation, monsieur le maire ; ce voyage fait évidemment partie de ses priorités avant de finaliser le projet. »

Quand ils reprennent le chemin de Sedan, en fin d'après-midi, les élus ardennais ont la sensation que le projet est bien lancé. Les frères Dubois ont renouvelé leur engagement de reprendre le club après son dépôt de bilan. Quant à l'arrivée du prince saoudien, elle les fait rêver. Si tout se passe bien, les Sangliers vont pouvoir repartir en campagne dès le mois de septembre. Avec un bel appétit.

11
TAPIS ROUGE

Sedan, 17 octobre 2014, 17 heures

Il fait beau, la température est douce, c'est l'été indien dans les Ardennes. Le temps idéal pour la célébration qui commence dans le château fort de Sedan. Des comédiens en tenue médiévale se déplacent au milieu des invités. Un faucon dressé vole de main en main au-dessus de l'assemblée. Tout sourire, Didier Herbillon, qui a commencé son deuxième mandat de maire quelques mois plus tôt, circule de groupe en groupe, serre des mains, échange quelques mots avec chacun. Il connaît tout le monde, la plupart sont ses administrés, les autres des notables des environs. Aujourd'hui, l'hôtel Le Château fort, pour lequel il s'est tant battu, fête ses dix ans. Les 270 investisseurs locaux qui ont financé le projet à l'époque sont tous au rendez-vous pour souffler les bougies et assister à un sacre : l'établissement star de la deuxième ville du département, l'un des rares *paradores* à la française, officialise ce soir l'obtention de sa quatrième étoile. Une montée en gamme qui est aussi un rebond salutaire : la société gérant l'hôtel sort à peine d'une crise financière qui l'a menée devant le tribunal de commerce.

Le maire n'est pas la seule vedette de la soirée qui commence. L'homme fort de la région, le Sedanais Jean-Paul Bachy a fait le déplacement. Depuis 2004, il est président du conseil régional de Champagne-Ardenne mais garde un œil sur sa ville. Et notamment sur le château fort dont il a souhaité et initié le développement touristique. Sans lui, le monument n'aurait pas connu le même destin. L'idée d'y installer un hôtel lui revient, même s'ils sont plusieurs à avoir rendu la chose possible, à commencer bien sûr par Didier Herbillon. Il a donc fait le chemin depuis Châlons-en-Champagne, la capitale de la Région, pour l'occasion. Complices, les deux élus attendent l'heure des discours et guettent sagement les directives du maître de cérémonie.

Olivier Gourio est un Marnais de 46 ans, entrepreneur du genre beau gosse. Il a repris la gestion de l'hôtel Le Château fort moins de deux ans plus tôt. Auparavant, il a participé à toutes les étapes du projet au sein de la société France Patrimoine, l'entreprise qui a fait naître puis géré l'établissement. Bien avant l'ouverture de l'hôtel, en 2004, il y a travaillé comme jeune chargé de développement. Quand Régis Glorieux, le patron emblématique de l'entreprise, est parti, en bisbille avec ses actionnaires, il en est devenu le p-dg. Mais des difficultés économiques sont rapidement apparues, conduisant France Patrimoine au tribunal de commerce.

Olivier Gourio a trouvé des partenaires financiers pour monter un dossier de reprise. Un dossier sur lequel il a travaillé d'arrache-pied. Le juge lui a donné raison. À lui et ses associés de relancer maintenant une entreprise qui vivotait et tardait à trouver une bonne rentabilité. Au passage, France Patrimoine a été rebaptisée Hôtels & Patrimoine. Un simple changement de marque pour repartir sur de nouvelles bases. La société a conservé ses trois établissements, dont celui de Sedan.

Mais la relance de l'hôtel Le Château fort est décisive pour la réussite du projet global. Cela fait plusieurs mois qu'Olivier Gourio prépare donc cet événement. Il a investi 200 000 euros dans la modernisation de l'hôtel afin de le faire accéder à son nouveau statut de quatre-étoiles. L'étage des suites a été l'objet de toutes les attentions. Un plancher de qualité a remplacé la moquette, les salles de bains ont été refaites. Cette étape franchie, il espère attirer une nouvelle clientèle, augmenter le prix des chambres et rendre l'hôtel profitable. Pour cela, il mise sur la communication, jusque-là minimale. Il a carrément ciblé les médias nationaux. Les journalistes de grands quotidiens comme *Le Figaro* sont venus goûter à la vie de château pour mieux la décrire à leurs lecteurs. Le JT de David Pujadas, sur France 2, lui a même consacré un long sujet.

Olivier Gourio voit donc très grand. Il va jusqu'à imaginer que ses hôtels installés dans des sites historiques puissent bientôt s'adosser au groupe Accor. Nommé en 2013, Sébastien Bazin, le nouveau patron du grand groupe hôtelier, cherche en effet à prendre des participations dans des concepts plus branchés que ses Novotel ou ses Mercure. Mais pour cela, il faut que les établissements proposent tous le même niveau de prestations. D'où l'importance du saut qualitatif effectué aujourd'hui par l'hôtel Le Château fort.

C'est le moment des discours. Olivier Gourio expose son projet et remercie ses invités, auxquels il cède la parole. À tout seigneur tout honneur, Jean-Paul Bachy est le premier à se saisir du micro. Il rappelle que la Région qu'il préside n'a que deux grands monuments, la cathédrale de Reims et le château fort de Sedan. Et il réaffirme sa fierté de constater la progression de l'hôtel installé dans les magasins. Didier Herbillon lui succède. Devant cette assemblée composée à 90 % de Sedanais, il a des mots très politiques. Il insiste notamment sur le fait que le développement du château fort apporte des recettes à la ville. « Sans cela, nous devrions dépenser de l'argent pour l'entretenir », ajoute-t-il.

Olivier Gourio entraîne ensuite ses deux invités de prestige devant la plaque inaugurale masquée par une étoffe rouge, à gauche de la porte d'entrée de l'établissement. Devant les photographes, le président de la Région se positionne à gauche, le maire à droite. Puis, sous les applaudissements, d'un geste commun, ils soulèvent la toile. Les quatre étoiles et le logo officiel d'Atout France, qui attribue le classement, sont dévoilés.

La nuit est tombée, le champagne coule à flots lors d'un apéritif servi devant un feu de cheminée et accompagné par des musiciens, dans le bar de l'hôtel. Puis tout le monde se retrouve pour un dîner aux chandelles dans la salle du restaurant gastronomique. La soirée se termine par un son et lumière et un feu d'artifice dans la cour du château.

Didier Herbillon est l'un des derniers à quitter les lieux. L'hôtel est relancé. Pour l'élu d'une ville confrontée à la crise permanente, à chaque jour suffit sa peine.

12

LE PRINCE DISPARAÎT

Sedan, 23 janvier 2016

Ce matin, il règne une effervescence inhabituelle au stade Louis-Dugauguez, théâtre des exploits du CSSA, le club de football de Sedan. De nombreux véhicules de médias sont stationnés au pied des tribunes. Didier Herbillon arrive à son tour au volant de sa voiture. Il ressent une émotion particulière : pour une fois, il ne vient pas assister à un match des Sangliers mais à un événement d'une importance considérable pour l'équipe chère à son cœur et à celui de ses administrés. Le sauveur annoncé est bien au rendez-vous. Le prince Fahad Al Saud, l'un des neveux du roi d'Arabie saoudite, va présenter son projet de relance lors d'une conférence de presse à laquelle seront présents plusieurs dizaines de journalistes régionaux et nationaux. Il rencontrera ensuite toutes les personnalités locales qui gravitent autour du club : sponsors, fournisseurs, élus… Après sa faillite prononcée au cours de l'été 2013, le CSSA a été repris comme prévu par les frères Gilles et Marc Dubois. Depuis, il remonte lentement la pente. Mais, dans un sport marqué par l'inflation du prix des meilleurs joueurs, il a besoin d'argent pour retrouver le haut niveau. À cet instant, Didier Herbillon croit au conte de fées même si quelque chose lui dit de rester vigilant. Réélu maire, il sait qu'un club jouant au plus haut niveau ferait un bien fou à l'économie locale et au moral de ses concitoyens.

La conférence de presse du mécène saoudien doit débuter à 11 heures.

À l'intérieur, Marc Dubois, le président du club, accueille chaleureusement le maire. « Bonjour monsieur le maire, heureux de vous voir. Tous les médias sont là. C'est un grand jour pour notre club !

— C'est vrai, Marc, je suis très content de voir que l'on touche au but. Toute la ville attend que le club prenne un nouvel élan. Nous sommes à vos côtés ! »

Marc Dubois s'éloigne rapidement car il ne veut pas lâcher le visiteur saoudien du regard. La veille, il est allé l'accueillir à la descente de son avion à Roissy. Il l'a ensuite conduit, lui et sa petite escorte, au château du Faucon, situé à Donchery, à cinq kilomètres de Sedan. Dans la soirée, ils sont allés se promener sur la place Ducale, à Charleville-Mézières, avant de passer la nuit, sous bonne garde, au château. Pour Marc Dubois aussi, c'est un grand jour. Deux ans qu'il courtise le prince Fahad, en lui proposant d'investir dans un projet global, à la fois sportif et économique. En décembre 2014, le membre de la famille royale saoudienne est déjà venu passer trois jours à Sedan pour repérer les lieux. Escorté par Didier Herbillon, il a visité les installations sportives du club, son stade imposant de 23 000 places et son centre d'entraînement situé dans un petit château, propriété du club, à Bazeilles, tenant au passage une première conférence de presse avec les journalistes locaux. Il a aussi rencontré des entreprises sedanaises comme AFS (Advanced Foundry Services), spécialisée dans les cylindres de laminoir et qui a été rachetée par ses deux dirigeants français au groupe suédois Akers. L'idée est de voir comment les aider à décrocher de nouvelles commandes sur le marché saoudien.

Au terme de longues tractations, Marc Dubois et le prince Fahad ont signé un accord le 23 décembre 2015 à l'hôtel Jumeirah, situé au cœur du quartier des affaires de Dubai. L'acquéreur s'est engagé à prendre une participation dans le club, mais pas seulement. Il doit aussi injecter de l'argent dans la création d'un centre de formation et d'entraînement baptisé Sedan International Football Academy et dans un centre de balnéothérapie. Son apport total se situerait entre 50 et 60 millions d'euros.

Pour cette deuxième visite à Sedan, le prince Fahad ne doit passer que trente-six heures dans les Ardennes. Mais les retombées médiatiques de son passage s'annoncent colossales. D'autant qu'il a aussi prévu de répondre longuement, le lendemain, aux questions d'un journaliste de Canal+ à Paris. La salle de presse du stade Dugauguez est bondée. Didier Herbillon y accueille le visiteur, qui vient de se frayer un chemin au milieu des caméras pour entrer dans les lieux.

« Bonjour, très heureux de vous revoir dans les Ardennes. Votre séjour a bien débuté ?

— Oui, très bien, je suis également très heureux de vous revoir. Et fier de m'engager aux côtés des dirigeants du club de Sedan pour ce beau projet. »

Après quelques échanges de politesses, le prince, tout sourire et habillé d'un très chic costume trois-pièces gris, s'installe sur l'estrade. À sa gauche, Marc et Gilles Dubois, à sa droite, Abdellah Amradouch, l'un des intermédiaires qui ont initié les contacts avec les dirigeants du CSSA. Une interprète se prépare à traduire questions et réponses.

Le prince lance la réunion par un court propos liminaire.

« Je vous remercie une nouvelle fois de m'accueillir ici. Aujourd'hui, c'est le début d'un nouveau Sedan. »

C'est le journaliste de France 2, Alain Vernon, qui pose ensuite la première question :

« Pourquoi venez-vous à Sedan ? Que venez-vous chercher en investissant ici ?

— Pourquoi Sedan ? Beaucoup de personnes me posent cette question. Il s'agit d'une joint-venture qui concerne les domaines du sport, de l'économie et du social. Mon business model n'est pas de me satisfaire mais de satisfaire le public de Sedan. La satisfaction du public est beaucoup plus importante que la nôtre. »

Pascal Rémy, le correspondant local du quotidien *L'Équipe*, enchaîne :

« Quel sera le montant de votre investissement dans le club lui-même ? »

La réponse du prince Fahad est un peu plus ambiguë. Il hésite à parler chiffres devant ce parterre de journalistes qui aimeraient pourtant savoir si Sedan aura très vite les moyens d'attirer de grands joueurs.

« On ne peut pas parler de budget pour l'instant car celui de la saison en cours a déjà été établi, explique-t-il. On verra quels sont les besoins l'année prochaine selon que l'équipe évoluera en National ou en Ligue 2. »

Au tour du journaliste de France 3 Champagne-Ardenne de poser sa question :

« Quel sera votre rôle dans le club ? Serez-vous propriétaire, dirigeant ou président ? Viendrez-vous souvent dans les Ardennes ?

— Nous serons tous membres de la direction. Nous serons tous sous les projecteurs avec un planning de groupe. Je ne peux pas être ici tous les jours mais la prochaine fois je viendrai avec ma famille. Je superviserai depuis chez moi et je ferai le point au quotidien avec M. Dubois. Nous sommes tous au même niveau, il n'y a pas de différences entre nous. »

Après la conférence de presse, Didier Herbillon affiche un optimisme prudent devant les caméras.

« Il y a quand même des contrats qui ont été très clairement signés entre le club, le prince et un certain nombre d'acteurs économiques, tente de rassurer le maire de la ville. Tout ça est passé entre les mains de plusieurs avocats. Parce que, quand on fait du business, on a besoin d'un certain nombre de sécurités. Tout cela a été fait. »

Après les petits-fours, la délégation s'éclipse pour rendre visite à deux entreprises locales. Dimanche 24 janvier, Marc Dubois conduit son hôte saoudien à Paris en faisant escale à Reims, où ils effectuent une visite privée des caves Taittinger. Contrairement aux pratiques en vigueur dans son pays, le prince n'hésite pas à boire et à fumer en public, ce qui intrigue nombre de ceux qui l'approchent. Ce passage dans les Ardennes n'a cependant pas dissipé tous les doutes des journalistes. Trop de réponses à leurs questions sont restées imprécises ou floues.

Est-il vraiment sérieux dans ses intentions ? Est-il un vrai mécène ou au contraire un escroc redoutable ? Dans les coulisses, le maire de Sedan ne cache pas une légère inquiétude. Il a demandé à ses équipes d'enquêter sur l'influence réelle de cet homme énigmatique dans le royaume saoudien. Impossible d'obtenir la preuve qu'il y joue vraiment un rôle clé. Quant aux deux émissaires qui l'ont orienté vers les frères Dubois, leur profil fait débat. Le directeur de la Caisse d'épargne de Sedan a alerté Didier Herbillon : il n'a pas voulu leur ouvrir un compte bancaire dans son agence après avoir enquêté sur leurs pratiques financières. Ces deux hommes ont pourtant exigé et obtenu du club de Sedan la somme de 250 000 euros pour rendre possible l'arrivée du prince…

Sur Canal+, dans l'émission Canal Football Club diffusée une semaine plus tard, le Saoudien tente d'apporter des garanties sur la solidité de sa démarche.

« Notre stratégie sera de former de jeunes footballeurs saoudiens dans le centre de formation que nous allons créer, explique-t-il en anglais, cette fois vêtu d'un jean et d'une veste en cuir. Beaucoup de gens sous-estiment Sedan, c'est une ville qui a une grande histoire. Sa situation géographique est stratégique. Elle est entourée par trois pays, la Belgique, le Luxembourg et l'Allemagne, ce qui permettra d'attirer un large public. Nous investirons entre 50 et 60 millions d'euros dans l'immobilier, dans les équipements de bien-être et dans un centre de formation. Mon grand rêve est de gagner la Ligue des champions mais les actes sont plus importants que les rêves. J'espère que ce ne sera pas seulement un rêve. »

Sur le plateau, l'ancien footballeur Christophe Dugarry et le journaliste Pierre Ménès ironisent gentiment sur ces propos qu'ils qualifient d'« humoristiques ». Ils pointent un certain amateurisme dans les propos du prince Fahad, qui ne semble pas, selon eux, bien connaître les rouages du football professionnel. Ils soulignent que le financement de tous ces projets ne laissera pas beaucoup de moyens pour la section sportive du club de Sedan. En clair, ils ont du mal à croire que cet investisseur soit aussi sérieux et ambitieux que le sont les Qataris avec le PSG.

Retourné dans son pays, le prince Fahad devient maintenant difficile à joindre pour Marc Dubois. La saison passe, il faut recruter de nouveaux joueurs pour préparer la suivante mais l'argent saoudien n'arrive toujours pas. Pour en avoir le cœur net, le président du club décide de se rendre à Riyad en mai, accompagné de son fils et d'une équipe de télévision de France 2.

Il parvient à arracher un rendez-vous au prince mais il ne se passe pas bien. Le ton est cordial mais le message est clair. « Je ne financerai pas le club », annonce le jeune Saoudien. Les caméras captent la scène, ce qui irrite le prince.

C'est la fin du rêve pour les repreneurs du club. Impuissant, Didier Herbillon ne peut que constater les dégâts. Privée de moyens, l'équipe ardennaise ne parvient pas à se redresser sportivement. Un peu plus tard, les frères Dubois se déchirent. En désaccord avec son frère, Gilles quitte le club en 2017. En janvier 2019, le CSSA, qui s'estime floué, décide d'attaquer le prince saoudien devant le tribunal de commerce pour non-respect de ses engagements financiers. Il réclame un dédommagement de 2,4 millions d'euros. Le conte de fées a tourné au film noir.

13

FEU D'ARTIFICE

Charleville-Mézières, 24 août 2019

Il fait un temps de rêve ce matin dans les Ardennes. Le Cabaret vert, le festival de Charleville-Mézières porté par Julien Sauvage, fête en beauté son quinzième anniversaire. Le succès populaire est au rendez-vous. Après une édition déficitaire et une fréquentation en nette baisse l'année précédente, il s'apprête à battre son record avec plus de 100 000 visiteurs accueillis en quatre jours. Un vent d'euphorie souffle sur les organisateurs et sur les deux cents bénévoles mobilisés jour et nuit pour que tout se passe bien.

La plupart des festivaliers dorment encore dans le village de tentes qui s'étend à perte de vue sur des parkings et des espaces verts aménagés en campings provisoires. Ils se sont couchés très tard hier soir, ivres de décibels et de bière. IAM, Orelsan, Angèle… le casting artistique les a comblés. Sur le site de La Macérienne, les quatre scènes sont encore désertes. La vie reprend doucement. Les nombreux stands qui servent boissons et repas se préparent au rush de l'après-midi.

Mais dans l'espace VIP, il y a déjà du monde. Toutes les personnalités de la ville et du département mais aussi les nombreux partenaires de la manifestation sont présents pour participer à l'inauguration officielle de l'événement. Un rituel toujours programmé le samedi pour tenir compte de l'agenda surchargé des politiques le reste de la semaine.

En attendant le champagne et les petits-fours, une série de discours figure au menu de la cérémonie. Les plus attendus sont ceux des deux « rock stars » de la matinée, Boris Ravignon et Julien Sauvage. Âgés respectivement de 43 ans et de 38 ans, ils sont de la même génération mais ne se ressemblent pas physiquement. L'homme politique est élancé et mince alors que l'organisateur du festival est du genre costaud. La barbe du premier est taillée de près, celle du second est plus foisonnante. Mais ils se connaissent depuis longtemps. Ils se sont d'abord croisés dans les réunions du conseil municipal quand Boris Ravignon était l'un des rares opposants à la maire socialiste Claudine Ledoux. Cette dernière avait embarqué dans son équipe le turbulent et entreprenant Julien Sauvage pour prendre en main les dossiers culturels. Quand Boris est devenu maire, en 2014, le courant est très vite passé entre ces deux représentants de la nouvelle vague ardennaise. Ils ont compris instantanément que leurs intérêts étaient communs. Certes, Julien Sauvage n'a pas accepté la proposition du maire de travailler avec lui au sein de l'équipe municipale, mais ils se sont très bien entendus pour faire grandir le Cabaret vert. Le patron du festival, qui n'a pas la langue dans sa poche, peut être vachard en privé avec les élus et les notables du département. Pas avec Boris Ravignon, qu'il estime et respecte.

Le maire est le premier à s'exprimer.

« Nous quittons chaque édition du Cabaret vert éblouis et heureux. Je tiens à vous féliciter pour votre volonté permanente d'améliorer son esthétique. Cette année, je le trouve plus convivial et plus populaire que l'année dernière. J'admire le travail accompli et l'ambition qui le porte. »

Les difficultés financières de l'édition 2018, pénalisée par la pluie, sont oubliées.

« 2018 avait été difficile. On peut être admiratifs de la capacité de rebond collectif pour que l'édition 2019 ne soit pas la dernière. »

Avant de rappeler le rayonnement positif que le festival procure au territoire.

« L'Ardenne a vraiment besoin d'ambition. Ce très grand festival fait dire du bien de nous dans toute la France et dans toute l'Europe. En plus, l'événement est resté fidèle à ses valeurs d'origine. Son attachement au développement durable est intact. Le Cabaret vert est le premier écofestival de France. Et vous êtes fidèles aux racines ardennaises. »

Le maire termine son discours en faisant un cadeau à l'équipe du Cabaret vert. Il lui remet solennellement les clés d'un bâtiment entièrement restauré du site de La Macérienne, propriété de la Ville. Il a été conçu par Eiffel et est implanté à proximité des scènes du festival, derrière l'espace VIP. Il permettra d'organiser d'autres événements tout au long de l'année. La friche renaît ainsi grâce à la culture qui, en retour, va apporter un regain d'activité à la vie locale.

Julien Sauvage est le dernier à prendre le micro. En fin politique, qu'il feint de ne pas être, il insiste d'abord sur sa fierté d'appartenir à une ville qui fait beaucoup pour la culture, en adressant un petit salut amical au Festival mondial des théâtres de marionnettes qui se déroule tous les deux ans.

Il énumère ensuite ses nombreux motifs de satisfaction, en soulignant notamment que les entreprises locales sont omniprésentes dans le chantier annuel du Cabaret vert.

Avant de prévenir ceux qui l'écoutent :

« Beaucoup de choses sont encore perfectibles. On ne va pas se reposer sur nos lauriers. On reste sur nos gardes. »

Car, tout en conservant son sens de l'humour, il est constamment préoccupé par la santé économique du festival.

« On ne part pas en vacances avec les bénéfices du festival. L'année dernière, on ne serait pas allés bien loin. En prison, peut-être ! Ne croyez pas qu'on ait gagné le jackpot cette année. Le modèle économique du festival est extrêmement compliqué. Cette édition ne sera pas suffisante pour rattraper le déficit de la précédente. »

Le dirigeant du Cabaret vert est conscient qu'à tout instant l'équilibre fragile de son événement peut vaciller. En attendant, il trinque avec ses plus fidèles soutiens. Le ciel est sans nuages. Pour combien de temps ?

LES SEPT LEÇONS ARDENNAISES

Près de trois années d'enquête sur le terrain pour restituer trente années de lutte contre le déclin. Nous avons assisté à plusieurs conseils municipaux, traversé le département d'est en ouest et du nord au sud, rencontré des commerçants, des chefs d'entreprise, des syndicalistes et des habitants. Nous avons passé plusieurs jours au festival du Cabaret vert aux côtés des Ardennais et nous avons noué des liens très forts avec la population de ce territoire attachant. Pour nous, la pointe des Ardennes n'est plus simplement un élément de bulletin météo !

Ce travail passionnant nous a permis de poser un regard neuf sur la réalité de la France déclassée. Nous avons mesuré la capacité de résilience des personnes concernées. Notre principale conclusion : les Ardennais ne baissent pas les bras. Jamais. Certes, leur combat est difficile. Mais ils se battent. Hommes et femmes politiques, dirigeants d'associations, chefs d'entreprise, commerçants, syndicalistes ou simples citoyens, ils sont nombreux, chacun à son niveau, à ne pas renoncer. Bonne nouvelle pour eux, certains indicateurs sont déjà passés au vert même si rien n'est plus difficile que d'enrayer la baisse démographique ou la montée de la pauvreté. À ce stade, il serait déraisonnable d'afficher un optimisme béat. Il nous semble néanmoins que l'on peut, que l'on doit s'inspirer de l'exemplarité de cette bataille des Ardennes : il y a, à coup sûr, des enseignements à tirer de cette enquête qui peuvent s'appliquer à d'autres territoires en difficulté.

1. *Ce que tu as, c'est déjà bien !*

C'est la version ardennaise d'un mal français récurrent. On regarde les autres, on envie leurs ressources ou leurs points forts en oubliant tout le potentiel dont on dispose souvent soi-même.

À défaut de pouvoir compter sur un retour des industries métallurgiques lourdes, les Ardennes ont désormais de beaux atouts dans leur manche. Ils sont d'abord géographiques. Fini le temps désespérant du cul-de-sac qui pénalisait les entreprises : le désenclavement autoroutier achevé en 2019 a remis le département au cœur de l'Europe. Désormais, on peut aller facilement en Belgique ou au Luxembourg. Donc aussi aux Pays-Bas et en Allemagne. Ce qui permet de jouer enfin à fond la carte du tourisme. Dans ce domaine, le festival musical du Cabaret vert et le Festival des théâtres de marionnettes montrent l'exemple et rayonnent bien au-delà des frontières du pays. Et les Ardennais ne comptent pas en rester là !

La forêt ardennaise, les villages qui bordent la Meuse et les richesses patrimoniales de Charleville-Mézières et de Sedan méritent vraiment le détour. De ce point de vue, les Ardennes belges ont pris une immense avance. Mais il est possible de combler ce retard. Le conseil départemental et les élus se sont emparés du sujet. Des voies vertes réservées aux vélos voient le jour. À Sedan, la municipalité accélère le développement des activités dans et autour de son château fort. À Charleville-Mézières, le centre-ville renaît grâce à la très belle place Ducale et au succès du musée consacré au poète Arthur Rimbaud.

Dernier atout, les femmes et les hommes : les Ardennais ont conservé le sens du travail et les compétences qui ont permis les succès industriels des XIXe et XXe siècles. Si l'industrie doit renaître en France, elle trouvera ici les talents dont elle a besoin. Le tout jeune campus Sup Ardenne garantira qu'ils soient bien formés sur place. Il comprend la première école d'ingénieurs du département, qui s'appuie précisément sur le savoir-faire ancestral des Ardennes : l'industrie et le travail des matériaux. Une belle manière d'entretenir et de valoriser le patrimoine local.

2. *Mise sur la solidarité*

La plupart des histoires que nous racontons le démontrent. Quand il y a urgence, les Ardennais abolissent immédiatement leurs différences et leurs désaccords pour faire front commun. On l'a vu dans le combat des dirigeants de l'entreprise métallurgique

AFS pour résister à deux reprises au projet de fermeture de leur usine. Ils ont été aidés par tous les politiques, qu'ils soient issus de la droite, du centre ou de la gauche, pour menacer les actionnaires suédois. L'administration locale est également intervenue pour leur accorder des avantages réglementaires ou fiscaux. Cette solidarité s'est aussi manifestée lors de l'épreuve de force contre l'Agence régionale de santé (ARS) qui voulait fermer l'hôpital de Sedan. Cette fois, les élus sont allés protester ensemble au ministère de la Santé. À cette occasion, le maire de droite de Charleville-Mézières a même volé au secours de son homologue socialiste de Sedan. Solidarité encore lorsque, appelés à la rescousse pour combler un trou, près de trois cents petits épargnants sedanais ont investi quelques milliers d'euros dans le projet d'hôtel du château fort, ou lorsque le tissu économique et politique ardennais s'est mobilisé pour soutenir le projet du Cabaret vert. Ces actions ne sont pas toujours couronnées de succès, comme dans le cas des Ateliers Thomé-Génot, mais ce sont des manifestations de force.

3. Mobilise la diaspora

Le salut d'une région dépend aussi de ceux qui l'ont quittée. Beaucoup lui restent fidèles et mettent la main à la pâte dès qu'ils le peuvent. Le fait que l'un des principaux dirigeants d'Hermès soit originaire de ce territoire a joué un rôle décisif dans la décision prise par le groupe de luxe d'installer deux ateliers dans les Ardennes. Le premier a été créé en 2002 à Bogny, une ville blottie au bord de la Meuse et meurtrie par la disparition des entreprises métallurgiques. Le second est en cours de construction à Tournes-Cliron, un village situé dans la zone de la communauté d'agglomération Ardenne Métropole. *Idem* pour le projet de l'algérien Cevital dont le numéro deux a longtemps vécu dans le département. Ce sont encore des Ardennais exilés dans le sud de la France qui ont accepté de reprendre le club de football de Sedan lorsqu'il était en dépôt de bilan. Grâce à eux, l'équipe des Sangliers, qui a connu des heures de gloire sur le plan national, remonte enfin la pente vers le haut niveau.

4. *Fais de tes adversaires des alliés*

Lorsque tout va mal, les divisions politiques deviennent autant de boulets au pied. Longtemps, les Ardennes ont souffert des oppositions féroces entre la droite et la gauche. Et même des rivalités entre socialistes aux commandes des deux principales villes du département. Tout a changé avec l'arrivée au pouvoir d'une nouvelle génération. Élu maire de Charleville-Mézières en 2014, Boris Ravignon, issu des rangs de l'UMP, a proposé une alliance à son homologue socialiste de Sedan, Didier Herbillon. Du même coup, la communauté d'agglomération Ardenne Métropole, qui rassemble les deux villes et plusieurs autres petites municipalités, est devenue une machine de guerre pour lancer des projets, comme le campus, ou attirer des implantations, comme la prison spécialisée dans la réinsertion de Donchery. Toutes les querelles n'ont pas disparu mais la volonté d'agir ensemble est devenue dominante. Signe que cette tendance peut s'installer durablement, ceux qui s'écartent de cette voie ont été laminés lors des derniers scrutins locaux.

5. Ne compte pas sur Paris

Souvent, les Ardennais émettent le regret de ne pas être représentés par une personnalité d'envergure nationale. Du type Jacques Chirac pour la Corrèze ou Jean-Yves Le Drian pour la Bretagne. Des locomotives capables, par leur influence, d'attirer des subventions ou des investisseurs. Voire d'éviter des coupes budgétaires ou des fermetures.

Certes, quand des ténors comme Nicolas Sarkozy ou Emmanuel Macron passent par les Ardennes, ils viennent rarement les mains vides. Le premier avait ainsi annoncé que l'Agence nationale des titres sécurisés allait être installée à Charleville-Mézières, arbitrant un combat entre plusieurs villes candidates. Mais à long terme, mieux vaut compter d'abord sur soi-même. Les Ardennais l'ont compris. Le pacte Ardennes 2022, lancé à l'initiative du député Jean-Luc Warsmann et du préfet Pascal Joly en mars 2019, en est l'illustration parfaite. L'idée : accélérer la mise en œuvre concrète des mesures décidées par chaque administration ou ministère, ce qui fait parfois gagner plusieurs mois. Une façon de lutter contre les inévitables lenteurs de l'administration sans coûter plus cher à l'Etat car il n'est pas nécessaire de demander de rallonge. À la manœuvre, le préfet du département et les principaux élus se sont réunis tous les lundis matin pour suivre l'avancement du plan auquel les acteurs économiques ont été associés.

À défaut de pouvoir compter sur l'État, un nouvel allié est opportunément apparu : la Région Grand Est. Plus puissante que l'entité Champagne-Ardenne qui l'a précédée, elle investit volontiers en faveur des départements les plus faibles. Premier résultat spectaculaire : grâce à l'adoption d'une méthode éprouvée en Alsace, tous les foyers ardennais, même les plus isolés, devraient être fibrés en moins de trois ans. Le désenclavement numérique du département sera achevé en 2023. C'est loin d'être le cas partout en France. Un atout de poids au moment où le télétravail se développe.

6. Prépare-toi à un long combat

Combien de temps faudra-t-il pour inverser le cours des choses ? C'est tout le problème : les premiers résultats positifs des politiques de redressement ne seront pas perceptibles avant plusieurs années. Liaisons autoroutières avec la Belgique, création d'un campus, embellissement des centres-villes, démolition des immeubles insalubres dans les quartiers difficiles, développement des pistes cyclables… Toutes ces actions améliorent de façon structurelle le cadre général de l'économie locale. Mais, parallèlement, les mauvaises nouvelles continuent de ternir l'effet des bonnes. Des brèches s'ouvrent dès que d'autres sont colmatées. L'espoir de voir les Cycles Mercier s'installer à Revin a tourné court. Le projet géant de l'algérien Cevital semble très mal en point. Dans le secteur du tourisme, rien n'est acquis non plus. L'hôtel Le Château fort de Sedan a frisé la faillite et a déjà changé deux fois d'actionnaire. Les hommes politiques ardennais en sont conscients. Ils se sont lancés dans une course de fond. Mais ce sont peut-être leurs successeurs qui récolteront les dividendes de ce qu'ils entreprennent.

7. Prends des risques

Nous l'avons constaté tout au long de cette enquête, les Ardennais n'ont pas abdiqué. Ils nous l'ont dit et redit : ils veulent en finir avec les représentations d'un territoire sinistré. Celle des conflits sociaux durs, des salariés qui menacent de faire sauter leur usine, des trafics de drogue qui gangrènent certaines zones urbaines. Il y a une part de folie dans certaines de leurs démarches. À l'image de ces deux managers de la société AFS qui ont défié plusieurs fois leur actionnaire suédois, d'abord pour ne pas fermer l'usine métallurgique dont ils avaient la charge, ensuite pour le forcer à la leur vendre. À l'image aussi de Julien Sauvage, ce baroudeur de la culture qui s'est battu pour créer le Cabaret vert, entré dans le *top ten* des festivals français. Les plus grands artistes de la scène musicale font désormais étape dans les Ardennes au mois d'août. Ces deux exemples montrent le chemin à suivre : celui des audacieux.

REMERCIEMENTS

Ce livre n'aurait pas pu voir le jour sans eux.

Tout d'abord, nous tenons à remercier celles et ceux qui nous ont permis de comprendre l'histoire et les enjeux ardennais, Anne-Françoise Cabanis, Benoît Huré, Bérengère Poletti, Claudine Ledoux, Christiane Bajot, Daniel Blondeau, Hassan Afgour, Hervé Coutelas, Jean-Luc Warsmann, Jessy Schmit, Nicolas Riquet, Pierre Cordier, René-Pierre Colinet et Serge Anton.

Bien entendu, nous remercions celles et ceux qui ont accepté de nous livrer leur histoire et parfois nous ont ouvert leurs archives personnelles, Boris Ravignon, Denis Muszalski, Didier Herbillon, François Dury, Géraud Spire, Julien Sauvage et Nicolas Villenet.

Nous n'aurions pas pu faire vivre ces histoires sans leurs précieux témoignages et sans leur aide. Merci à vous tous qui nous avez permis d'enrichir ces récits, Alberto Fernandez, Alexandre Coche, André Marquet, Aurore Iwanciw, Denis Coune, Else Joseph, Fabien Thomas, Francis Champeaux, Franck Marcot, François Bouchard, Guillaume Luczka, Guillaume Maréchal, Jean Goffart, Jean-Marc Charlet, Jérôme Dablain, Jean Perrissin, Lise-Laure Vilpoux, Marc

Dubois, Olivier Gourio, Olivier Nicart, Pascal Joly, Raffaela Ippolito, Régis Glorieux, Rémy Petitjean, Sébastien Élie, Yannick Langrenez et Yves Schneider.

Merci aussi à Jean-Claude Roussel, Jean-François Brignon et Muriel Henry-Sabbadin, qui nous ont ouvert des portes et communiqué de précieuses informations.

Enfin, notre gratitude va à celles et ceux qui nous ont accueillis et nous ont consacré du temps au début de notre enquête : Élisabeth Olivier, François Dreux, Françoise Elicio, Hugo Cavagnac, Jean-Marie Choulet, Michel Stimac, Michel Hubert et Martine Pinçon.

TABLE DES MATIÈRES

DEUXIÈME PARTIE

L'UNION FAIT LA FORCE

Photocomposition PCA

Achevé d'imprimer en avril 2022
par CPI BUSSIÈRE (18200 Saint-Amand-Montrond)
pour le compte des Éditions Calmann-Lévy
21, rue du Montparnasse, 75006 Paris

PAPIER À BASE DE
FIBRES CERTIFIÉES

CALMANN LÉVY s'engage
pour l'environnement en réduisant
l'empreinte carbone de ses livres.
Celle de cet exemplaire est de :
850 g éq. CO_2
Rendez-vous sur
www.calmann-levy-durable.fr

N° d'éditeur : 1354589/02
N° d'imprimeur : 2064951
Dépôt légal : mai 2022
Imprimé en France.